INDEPENDENT
INNOVATION
OF
CHINESE
ECONOMIC

中国
自主创新
经济学

高连奎 / 著

中华工商联合出版社

图书在版编目（CIP）数据

　　中国自主创新经济学 / 高连奎著. －－北京：
中华工商联合出版社，2023.6
　　ISBN 978-7-5158-3689-8

　　Ⅰ.①中…　Ⅱ.①高…　Ⅲ.①中国经济－研究
Ⅳ.①F12

　　中国国家版本馆CIP数据核字（2023）第094668号

中国自主创新经济学

作　　者：高连奎
出 品 人：刘　刚
责任编辑：于建廷　效慧辉
装帧设计：周　源
责任审读：傅德华
责任印制：陈德松
出版发行：中华工商联合出版社有限责任公司
印　　刷：北京毅峰迅捷印刷有限公司
版　　次：2023年8月第1版
印　　次：2023年8月第1次印刷
开　　本：710mm×1000mm　1/16
字　　数：240千字
印　　张：18.25
书　　号：ISBN 978-7-5158-3689-8
定　　价：98.00元

服务热线：010-58301130-0（前台）
销售热线：010-58301132（发行部）
　　　　　010-58302977（网络部）
　　　　　010-58302837（馆配部）
　　　　　010-58302813（团购部）
地址邮编：北京市西城区西环广场A座
　　　　　19-20层，100044
http://www.chgslcbs.cn
投稿热线：010-58302907（总编室）
投稿邮箱：1621239583@qq.com

联系电话：010-58302915

现代经济学存在的问题、缺陷、漏洞以及针对这些问题的创新

——笔者近二十年经济学研究成果总结

一、微观经济学中存在的问题与创新

1.重视经济均衡，忽略经济效率

以新古典经济学为核心的西方经济学追求的是"经济的均衡"，而非"经济效率"，但并不是所有"经济均衡点"都是最有效率的，经济均衡可以是高效率的均衡，也可以是低效率的均衡，可以是山峰上的均衡，也可以是山谷中的均衡，最富裕的国家与最贫穷的国家的经济都是均衡的，低效率的均衡不是我们需要的，低效率的均衡往往都是在供给无法提高的情况下，通过提高价格压制需求实现的，如果将这样的均衡作为我们的追求是毫无意义的。经济发展应该追求的是经济效率的提高，而非均衡，笔者提出的"平衡经济学"追求的就是经济效率的提高，而且建立了一套如何提高经济效率的理论体系。

2.重视需求的"弹性"，忽略供给的"黏性"

马歇尔的"局部均衡"理论是建立在"供需弹性"的基础上，但现实中，供给与需求不仅存在"弹性"，而且存在"黏性"，特别是"供给黏性"对经济的影响特别大，"弹性"假设下建立的均衡理论只是空中楼阁。笔者在平衡经济学中提出了"供给难度""供给黏性"的概念，就打破了现代经济学"弹性假设"下的均衡假说。建立在"黏性"研究基础上的"平衡经济学"是一套与现代经济学完全相反的学说，其假设相反，其结论也必然不同。笔者曾经有过一个比喻，科斯将"交易成本"引入经济学就犹如将"摩擦力"引入了物理学，而笔者将"供给难度"引入经济学的意义就犹如将"重力"引入了物理学，由于"供给难度"的存在，市场经济是无法实现价格调节的，经济会存在长时间的失衡。

3.只关注私人产品的自动均衡，却忽略了公共产品市场的天然非均衡特征

现代经济是由私人产品和公共产品两个市场组成的，私人产品市场可以通过价格调节达到"均衡"，但公共产品市场却不能。公共产品的供给受到"税收刚性"制约，其供给并不灵活，因此公共产品市场具有天然的"非均衡"特征，笔者将之称为"公共产品市场非均衡"理论。现代西方经济学一味宣传私人产品市场的均衡，而漠视公共产品市场的非均衡性是导致各种经济问题不断爆发的根源，很多经济问题、社会问题的爆发都是由于"公共产品供给不足"造成的。

4.只重视市场供需分析，忽略了市场经济的本质是不同产品之间的"物物交易"

货币的出现导致了"供给"与"需求"在时间上的分离，但市场经济最本质的关系仍然是"物物交易"关系，因此只有将货币与价格因素简化掉，才能彻底看清经济的本质。笔者提出的平衡经济学就是完全不考虑货币与价格等因素对经济的影响，直接从生产与交易的角度构建经济运行理论，平衡经济学将市场交易简化为"高供给难度产品"与"低供给难度产品"之间的交易，并提出了导致经济危机的根本原因是"低供给难度产品的过剩"，而"高供给难度产品"却是短缺的，提高"高供给难度产品的供给"既可以解决经济危机，又可以从根本上促进经济发展。萨依在其《政治经济学概念》第一篇第十五章中，虽然坚持"物物交易"的市场本质，提出了"供给可以创造需求"，"某些货物生产得过少，别的货物才形成过剩"等观点，但是他没有发现"供给难度"的问题，因此也没有建立起完整的基于"物物交易"的经济学思想体系，最终走向了庸俗主义。

5.只注重产品在技术及包装上的差异，却忽视了不同产品之间的根本区别是"供给难度"差异

市场经济一般默认不同产品是"同质性"的，但也有例外，比如张伯伦在其"垄断竞争"理论中就特别强调产品的"异质性"，他最早建立了"产品差别"理论，但张伯伦的"产品差别"理论更多是从产品的技术与包装等角度强调产品差异，但这并非本质差异。在平衡经济学中，笔者提出市场经济中不同产品的本质差异是"供给难度"的差异，因为不同产品的"供给难度"不同，其"供给效率"也就不同，最终导致了市场上不同供给难度的产品之间的交易不平衡，最终形成了经济危机。

6.只发现了市场"存在条件"的失灵，却忽略了对"市场核心机制失败"的研究

现代经济学从信息、交易成本、外部性等方面发现了"市场失灵"，却忽略了"价格机制""竞争机制"等市场经济的核心机制导致的"市场失败"问题。笔者在平衡经济学中利用"供给黏性"理论证明了价格机制的失灵，价格机制的有效性是建立在供给弹性的基础上，如果供给是"黏性"的，价格机制就会失灵。不仅仅价格机制这一市场经济的核心机制存在问题，而且竞争机制这另一个市场经济的核心机制也存在问题。笔者提出了"竞争风险累积导致市场危机"理论，市场竞争可以导致市场风险的累积，市场竞争最充分的时候也是市场风险最大的时候，因为这时候市场主体的利润最低，抗风险能力最差，如果这时市场出现了意外冲击，整个经济就会出现危机。历史上每次经济危机基本上伴随着某个行业的"过度竞争"与"彻底崩盘"，从而牵连到其他行业一起形成经济危机。无论是早期的纺织泡沫、铁路泡沫，还是后来的房地产泡沫、互联网泡沫都是如此。笔者将由价格机制、竞争机制等市场核心机制失灵导致市场失败现象，称为

"市场经济核心机制"失败理论，这是与以前人们研究的"市场存在条件失灵"导致市场失败不同，市场一些"存在条件"的失灵并不会导致经济危机，但是"市场核心机制失败"则会导致经济危机。

7.只研究了合同因素对"工资刚性"的影响，却忽略了生存成本才是导致"工资刚性"的最根本因素

凯恩斯认为经济危机很难克服，其中一个非常重要的因素就是因为工资的"刚性"，美国新凯恩斯学派的费希尔、耶伦等经济学家对这个问题进行了深入研究，但是他们却是从"长期合同""效率工资"等角度进行了解释，他们的理论只能解释"工资黏性"，不能解释"工资刚性"。笔者在"生存经济学"中指出，"生存成本"才是导致"工资刚性"的根本原因，"长期合同""效率工资"只能解释正常经济时期的工资难以灵活调整的问题，但经济危机时期则完全不是如此。经济危机时期，一些高收入人士的工资也是可以灵活调整的，很难灵活调整的是低收入人群的工资，因为他们的工资受到"生存成本"限制，这才是经济危机时期工资表现为"刚性"的根本原因。

8.重视福利分配，却缺乏"生存经济学"研究

西方经济学有一个重要的分支就是福利经济学，福利经济学虽然经历了"旧福利经济学"与"新福利经济学"两个阶段，但其研究最终还是局限于不同人之间的分配与补偿问题，现代经济学除马尔萨斯之外，几乎没有学者对"人类生存"这个根本性问题进行过深入研究。笔者另辟蹊径地提出了"生存经济学"的概念与理论，"生存经济学"构建的"收入"与"生存成本"之间的关系模型，阐释的是人类经济发展如何影响收入与生存成本变化的问题。生存经济学可以真正从经济学的角度解释人类生存中暴露出来的问题，并且提出了构建面向低收入人群的"底层商品市场"，以及

建立"低生存成本社会"的主张，这比福利经济学的研究更加贴近经济现实。

9.幸福经济学研究只注重收入与心理预期的影响，忽略了收入与生存成本的影响

现代经济学中也有关于"幸福"的理论，比较知名的是萨缪尔森构建的"期望与效用"模型。在该模型中，影响幸福指数的是心理预期，这就陷入了唯心主义。由于心理预期因人而异，无法衡量，因此幸福指数也无法衡量。笔者建立的"幸福指数"模型是"幸福指数＝收入/生存成本"，当收入高于生存成本，人们是幸福的，当收入接近或低于生存成本的时候，人们是不幸福的，这样的幸福指数是可量化、可统计的，而且是可以通过经济或社会政策进行干预的。

10.货币贬值只考虑通胀因素，却忽略了"生存成本升高"的因素

现代社会，民众对货币贬值的感觉非常强烈，但是仅仅从"通胀"的角度是解释不了货币贬值的，真正导致货币贬值感觉的是"生存成本的提高"。从"生存经济学"的角度看，人们都想维持生活水平不变或有所提高，但是"生存成本"一直是提高的，因此居民在投资理财、经营家庭的过程中，要想正确计算货币的贬值速度，不仅要考虑通胀因素，更应该将"生存成本提高"的因素考虑在内，因为生存成本提高的速度等于GDP增速，所以，货币贬值速度＝通胀膨胀+经济增长速度＝名义GDP增速。

11.只看到了国企在管理方面的低效率，却忽视了国企在部分领域具有供给能力强、供给效率高的优势

现代经济学对国企是存在污名化问题的，国企与民企的优劣不能用"管理效率"单一指标来衡量，而是应该用更广泛的"供给效率""供给能

力"等多个指标来衡量。供给效率不仅包含管理效率，还包括资本效率、生产效率、交易效率等，国企拥有信用优势，资本效率高于民企；国企在归属上属于国家，在长期投资方面也具有优势；国企是国家的一部分，拥有组织优势，因此国企在"高供给难度产品"的供给上也有供给能力强的优势，这些都是民企不具备的，因此我们应该打破用"管理效率"单一指标来衡量国企优劣的错误观念，应该从"供给能力""供给效率"等多方面综合看待国有企业的存在价值。政府的"生产性"职能不仅包括公共产品的供给，还包括通过国企实现"高供给难度产品"的供给。

12.只重视实体经济，忽略了虚拟经济在提高市场经济"交易效率"方面的作用

经济是由实体经济和虚拟经济两部分组成，实体经济的作用不可忽视，但虚拟经济也同样重要，但从传统的"三驾马车"理论，即从投资、消费、出口三方面很难解释虚拟经济的作用。笔提出了"新三驾马车理论"，即"经济增长＝生产效率×交易效率×产品创新"，从"新三驾马车理论"则很容易解释虚拟经济的作用。当虚拟经济属于"服务"的时候，虚拟经济提供的服务在创造GDP方面，其作用等同于其他的产品，另外大多数虚拟经济是通过提高经济的"交易效率"服务整体经济的，比如互联网电商、互联网社交、金融投融资等虚拟经济都可以大大提高经济的"交易效率"，对经济发展具有巨大的促进作用。因此虚拟经济可以从"提高产品创新"和"提高市场交易效率"两个方面促进经济的发展。

13.只研究了"消费者主权""生产者主权"，却忽略了"销售者主权"

现代经济学中有"消费者主权"和"生产者主权"的概念，却没有"销售者主权"的观念，"销售者主权"在市场经济中表现得也非常明显，

特别是互联网时代和服务业领域越来越表现为"销售者主权"。我们提出了"销售者主权"的概念，建立了"销售者主权"的理论。通过"销售者主权"理论就可以很容易解释为什么很多"廉价商品"会从市场上消失的原因，以及为什么为富人提供服务的机构要远远高于富人在社会总人口中的比例，而为穷人提供服务的机构要远远低于穷人在社会总人口中的比例。

14. 只从收入角度看待贫困，却没注意到"底层商品市场缺失"的问题

现代经济学总是将贫困的原因归结为"收入低"，但是即使是低收入人群的收入也是不断提高的，因此仅仅从收入角度是很难解释"底层贫困"问题的，笔者提出"底层贫困"主要是由于面向低收入人群的"底层商品市场缺失"造成的。由于销售者主权的存在，很多面向低收入人群的市场逐渐消失，面向低收入人群的产品逐渐退市，这就推高了低收入人群的生存成本，是低收入人群面临诸多问题的主要原因。如果政府出台政策建立向低收入人士的"底层商品市场"，则很多低收入人士也可以通过自食其力生存得很好，也不需要国家给以福利性帮助。中国目前很多电商平台其实起到了弥补"底层商品市场缺失"的作用，很多在现实中买不到的廉价商品，却可以在电商平台中买到。

二、宏观经济学领域存在的问题与创新

1. 缺乏统一的通胀理论

经济学和货币学分别对"通胀"问题给出了两套解释。经济学中将"通胀"看作是供求现象，货币学中将通胀看作是货币现象，以至于在经济学教材中，通胀理论分别在两章中讲解。凯恩斯在其《就业、利息和货币通

论》第21章中就曾经指出过这一问题，也曾雄心勃勃地想通过"充分就业临界点"理论解决这一问题，但凯恩斯的理论最终没能成为主流。笔者建立了辩证统一的通胀理论，将通胀分为"内生性通胀"和"外生性通胀"，这是与凯恩斯学派和货币学派完全不同的解释。

2. 缺乏统一的经济危机理论

现代经济学的经济危机理论是彼此排斥的，人们总是试图用一种经济危机学说解释所有的经济危机类型，这在现实中是做不到的，笔者提出了经济危机的"分型辩治"理论，提出应该将经济危机分为生产型经济危机、金融型经济危机和政府债务型经济危机三种。笔者不仅提出了"政府债务型经济危机"这一全新的经济危机类型，而且建立了"政府债务型经济危机"的理论。经济危机只有"分型治理"，才可以制定科学的治理方案。凯恩斯的"政府投资"理论只能解决生产型的经济危机，弗里德曼的"直升机撒钱"理论只能解决金融型的经济危机，而政府债务型的经济危机可以通过笔者提出"新财税主义宏观经济学"主张的"财税改革"解决。

3. 只有基于GDP"支出法"的经济增长模型，却没有基于GDP"生产法"的经济增长模型

现代经济学中的"三驾马车"经济增长理论是基于GDP"支出法"的，该模型认为经济增长取决于投资、消费与净出口三个因素的增长，但是这个模型并不完全适用，也没有体现出"技术进步"在经济增长中的作用。我们提出了"新三驾马车经济增长理论"，认为"经济增长=生产效率×交易效率×产品创新"，这是基于GDP统计"生产法"的经济增长模型，是可以实现"乘法式增长"的，可以很好地体现"技术进步"在经济增长中的作用，因为"生产效率""交易效率"和"产品创新"三者的改善都需要"技术进步"为依托，而基于技术进步的经济增长才是"边际递增"的经济

增长方式。

4.对"私人债务"研究得比较透彻，却缺乏对"政府债务"及宏观税收问题的研究

西方经济学中确实有一批研究债务问题的经济学家，比如费雪、明斯基、伯南克等，但这些人大部分都是以"私人债务"为研究对象，西方经济学各主流学派中缺乏对"政府债务"的研究。德国历史学派的瓦格纳最早发现了政府负债的必然性，凯恩斯学派主张的"财政投资"也会造成政府债务，但他们也仅仅提出了"发行赤字"和"补偿财政"等理论，西方经济学总体缺乏对"政府债务"的研究，另外，在税收方面虽然也有少量获得诺贝尔奖的学者，比如莫里斯、维克里的研究涉及到了税收问题，但他们也仅仅是研究"最优个人所得税"问题，而不是一个国家的整体税收规划问题，针对西方经济学的这些缺陷，笔者提出的"新财税主义宏观经济学"提出了一系列的财税改革的思想与方案。

5.只注重了政府债务危机的"直接危害"，却忽略了政府债务危机的"系统性危害"

新财税主义宏观经济学一个重要特征是研究了政府债务型经济危机的"系统性危害"。政府债务型经济危机不仅直接影响那些因"政府财政支出减少"而受到影响的领域，而且会通过对"央行利率"的影响将危害扩散到整个宏观经济学领域。在新财税主义宏观经济学中，我们提出了"政府债务—央行利率"螺旋理论，提出了"债务—创新"传导理论，该理论研究的是"政府债务—央行利率—金融投资—经济创新"之间的传导关系，这个理论揭示了政府债务危机的系统性危害。政府债务危机可以通过对央行利率的影响，从而影响到金融投资、经济创新等各个领域，对经济造成全方位的影响，这是最严重的，对经济也是致命的。

6.只看到了国家"财政投资"对经济创新的作用，没意识到民间"创新资本总量"才是决定经济能否实现"创新式增长"的根本力量

经济创新，国家"财政投资"固然重要，但是以"私募股权投资"为代表的民间"创新资本"的力量同样重要。笔者在第四代经济增长理论中，强调了"创新资本"对创新的重要性，"创新资本"解决的是技术向生产力快速转化的问题，因此第四代经济增长理论也称为"创新资本经济学"。在第四代经济增长理论中，笔者指出，国家之间竞争的一个重要指标就是"创新资本总量"的竞争。这是其他学派都没有提到过的。熊彼特以研究创新闻名，但他那个时代的"创新资本"主要是银行债权资本，而非现在的私募股权资本，以"股权资本"为核心的"创新资本"是经济创新过程中的一个重要因素。国家竞争归根结底是创新的竞争，而创新的竞争靠的是"创新资本总量"的竞争，因此"创新资本总量"将是衡量一个国家竞争力的关键指标，第四代经济增长理论本质上也是一种"新型国家竞争理论"。

7.只注意到了发展"股权投资"的重要性，却没有研究"创新资本募集"背后的"利率"因素

一个国家能否实行"创新式发展"，不仅在于鼓励"创投机构"的发展，更在于能否让这些创投机构募集到足够多的"创新资本"，创投机构如果能够募集到足够多的"创新资本"，自然就会发展得很快。笔者在"第四代经济增长理论"中提出，创投机构能否募集到资金从根本上是由央行的"利率政策"决定的，只有在"高利率货币政策环境"下，创投机构才容易募集到资金，因为创投机构的钱很多来自其他金融机构，只有在高利率的货币环境下，民众才有兴趣将投资理财的资金交给金融机构管理，这时创投机构也才容易募资。在低利率环境下，民众的钱更愿意拿去消费，而不是投资理财，因此只有实行"高利率货币政策"才是创投机构顺利发展的前提。因此一个国家要想保持创新的领先，不是呼吁支持创投机构那么简单，而是要制定有利于创投机构募集资金的"高利率货币政策"，这才是从根本上支持创投机构，这也是笔者提出"创新资本经济学"的要旨。

8.只有"财政投资"的主张，却没有"量化财政投资"的理论

凯恩斯提出了"财政投资"的主张，勒纳、汉森等学者又为其补充了"功能财政"和"补偿财政"的理论，但是凯恩斯构建的"乘数"理论具有天然的缺陷，他构建的是"政府投资与国民收入"的函数，但政府投资向国民收入的转化是一个非常间接的过程，因此凯恩斯的"投资收入乘数"是很难量化的，笔者提出了新投资乘数——"投资带动乘数"，研究的是政府投资对其他投资的带动作用，这样就可以非常好地量化，也可以非常容易地计算经济危机时的"政府投资需求量"，可以避免出现政府"过度投资"或"投资不足"的情况。根据"量化财政投资"理论，政府投资量=需要增加的社会投资总量/（1+政府投资对民间投资带动系数），这比利用"GDP公式"计算更科学。

9.产业政策只注重"积累财富"和"科技赶超"，却忽视了"产业规律"才是制定产业政策的根本前提

经济学中制定"产业政策"主要有两大出发点，一是通过外贸优势积累财富，这一派的代表人物有英国的亚当·斯密、李嘉图，瑞典的俄林等，另一派就是主张发展高科技，什么科技含量高就做什么，比较有代表性的政策就是"进口替代"战略、"赶超战略"等，这两派主张单纯利用"比较优势"或"要素禀赋"积累财富，很容易将国家经济锁定在产业链的低端，而如果一个国家盲目发展高科技产业，也会因缺乏相应的产业配套最终走向失败。笔者提出了"科学产业结构"理论，主张制定产业政策时一定要遵循产业规律，而不能盲目地从"积累财富"或"发展生产力"的片面角

度进行发展。"科学产业结构"理论发现了"经济压制"现象，阐述了"产业发展次序"理论和"核心产业迁移"理论，这些"产业规律"搞清楚了，产业发展才不会走弯路，才会发展得更快。

三、货币经济学中存在的问题与创新

1.缺乏统一的货币数量理论，更缺乏"动态货币理论"研究

弗里德曼曾经感叹"当前货币理论的最薄弱、最不令人满意的部分就在于货币动态分析领域之中，在这个领域之中我们从来没有形成过一种可以被恰当地称为货币动态分析理论的理论"，但弗里德曼只是发现了问题，并没有解决问题。现代货币学中的货币数量研究分为两派，一派主要研究"外生货币"，剑桥方程以及以"剑桥方程"为基础发展起来的凯恩斯与弗里德曼的"货币需求函数"都属于这类研究，一派研究货币的"信用创造"和"货币内生"，桑顿、麦克鲁德、后凯恩斯学派的卡尔多等都是研究"货币内生"理论的代表，这两派在制定货币政策时都有自己的主张。"货币外生论"者坚持对货币实行"数量管理"，"内生货币论"者认为由于货币存在内生，货币无法实现"数量管理"，只能调控货币利率。笔者提出了"动态货币数量论"，将"货币内生理论"和"货币数量论"有机融合为一个理论，因为货币是内生的，所以单纯的管理"外生货币"是没有意义的，必须对"运行货币"进行"总量管理"，因为"运行货币"的数量是"动态"的，所以笔者的货币数量理论也称为"动态货币数量论"。动态货币数量论主张的货币规则是"运行货币总量管理"，动态货币数量论既坚持了货币内生理论的内核，又保持了货币数量管理的优势，完成了"内生货币理论"与"外生货币理论"的统一，解决了弗里德曼想解决但没有解决的问题。

2.有货币"总量管理"的意识，但缺乏货币"周期管理"的观念

弗里德曼虽然没有提出"货币总量管理"的概念，但他的"单一规则"却带有"货币总量管理"的色彩。虽然美联储后来放弃了"货币总量管理"，转向了全面的"货币利率管理"，"货币总量管理"仅仅在经济危机时期以"量化宽松"的形式出现，但在中国，政府却一直坚持将"货币总量管理"贯穿于经济的各个阶段，中国每年都定期公布 M2 的增长速度。但是弗里德曼的"货币总量管理"是有缺陷的，原因在于他的"单一规则"主张按一定比例增加货币，这就明显暴露了他缺乏"货币周期管理"的概念。笔者在"动态货币数量论"中，提出了"货币周期"的概念，指出货币数量不仅是动态的，而且货币总量的动态性会呈现出"周期"特征，主张"按货币周期进行货币的总量管理"，这才是科学的，因此笔者主张的货币管理是"总量管理"与"周期管理"的结合，这样就可以将"货币总量管理"动态化，而不像弗里德曼的"单一规则"那样将货币总量进行机械管理。

3.有"货币供给"概念，但没有"有效货币供给"的概念

"货币供给"并不一定能转化为"有效货币供给"，也就是说"发行货币"未必完全转化为"运行货币"。当货币流通速度很低时，"发行货币"向"运行货币"的转化就非常差，只有"有效货币供给"才是对经济运行有用的。

经济分析不应该只局限于"外生货币供给"，而应该着眼于包含"内生货币"在内的"总有效货币供给"，只有真正运行起来的货币才是"有效货币供给"。货币学派忽略货币的"内生"特性，妄图通过盲目扩大"外生货币供给"来扩大"有效货币供给"，其效果往往相反。因为"外生货币"供给过度，会造成货币利率降低，货币流通速度下降，反而起不到增加"有效货币供给"的效果，这也是仅仅依靠货币政策治理经济危机容易失败的

原因。凯恩斯虽然提出了"有效需求"的概念，发现了"流动性陷阱"现象，却没有提出"有效货币供给"的概念，"有效货币供给"应该成为货币数量研究中的一个重要概念。

4.只注意到了实体企业"利润"对市场经济的驱动作用，却忽略了资本市场的"利率"才是市场经济的根本驱动力

企业是靠"利润"驱动的，但是资本却是靠"利率"驱动的，而企业的运营又是"资本驱动"的，因此市场经济的运行规律是"利率先驱动资本，资本再驱动企业"，市场经济归根到底是靠"资本驱动"的，因此市场经济最根本的"内驱力"是利率。市场经济的根本驱动力不是"利润"，而是"利率"，只有"高利率"才可以把金融机构驱动起来，金融机构才可以给实体企业更多的金融供给，经济才可以发动起来。因此笔者提出"利率才是市场经济的根本内驱力"，笔者也将这一理论称为"市场经济的内驱力"理论。

5.只看到货币利率对"宏观经济"的影响，却没有发现货币利率对"微观经济结构"的影响

现代经济学认为"利率"是决定经济的收缩与扩张的关键因素，因此政府主要通过"调控货币利率"熨平经济周期，但这种货币利率调控对微观经济也是有影响的，从微观上看，利率对"产业结构"的影响很大，这也是笔者提出的"货币流动理论"的主要内容，"货币流动理论"认为，因为不同企业、不同行业对"利率"的承受力不同，导致不同利率情况下，有的行业扩张，有的行业收缩，从而"微观经济结构"被改变，这本来属于"产业组织理论"研究的内容，因此笔者将"货币流动理论"也命名为"金融视角下的产业组织理论"。

6. 货币政策只有需求侧分析，却没有供给侧分析，忽略了供给侧"金融机构的激励相容"问题

现代经济学对货币政策的理解基本上仍然停留在瑞典学派的"累积过程理论"阶段，该理论认为"自然利率"与"市场利率"的差额决定了宏观经济的收缩与扩张，但这个理论的缺陷在于他们是建立在货币资金"需求侧"的单边分析之上，如果我们将货币资金供给侧——金融机构的利益也考虑在内，这个理论就会被推翻。笔者提出了"供给侧货币学"，认为货币资金的需求方是"低利率偏好"的，但货币资金的供给方却是"高利率偏好"的，利率越高，金融机构从事货币供给的积极性也就越高，货币利率太低的时候，金融机构反而会因为"激励不相容"而出现问题，会导致"有效货币供给"的降低，"货币流通速度"的下降，最终有效货币供给不是更多，可能更少，笔者将之称为"货币政策与金融机构激励相容理论"。这个理论是建立在"中央银行—金融机构—融资企业"三元市场机构的模型之上，以前的货币理论是不考虑金融机构的利益的。笔者又在这个理论的基础上提出了"最优央行货币利率"理论，"最优央行货币利率"理论主张货币利率应该维持在既能保持企业对融资成本的承受能力，又可以照顾到金融机构货币供给积极性的利率，货币利率应该恒定在"最优利率"周围，不应该大幅调整。"最优央行利率"是可以保障社会融资规模最大的利率。传统货币理论是建立在"中央银行—实体经济"二元市场结构模型的基础上，而笔者的货币理论是建立在"中央银行—金融机构—实体经济"三元货币市场结构模型之上。货币学历史上的"货币信用创造"理论、"内生货币"论以及笔者提出的"货币政策与金融机构激励相容理论""中央银行—金融机构—实体经济"三元货币市场模型合在一起就构成了相对完整的"供给侧货币学"。现代货币学中虽然也有"货币乘数"的概念，但那只考虑了银行渠道的货币放大，而非对整个货币供给侧的研究，与完整的

"供给侧货币学"相差甚远。

7.费雪方程只注意到了货币的"交易需求"，却忽略了货币的"投融资需求"

现代经济学计算货币流通速度采用的是"费雪方程"，认为"货币流通速度=GDP/货币数量"。费雪方程是基于货币"交易需求"的，但现代货币更多的是用于"投融资需求"，决定货币流通速度的也是企业的"投融资货币需求"，因此费雪方程在现实中是意义不大的，根据费雪方程计算出的货币流通速度也与实际情况相差甚远，因此笔者提出将货币主要看作是"投融资货币"，"交易货币"只在一瞬间存在，货币绝大部分时间都是以"投融资货币"的形式存在，因此"货币流通速度=社会融资总规模/货币数量"，或是"货币数量×货币流通速度=投融资货币总量"。笔者的货币方程左侧与费雪的相同，但右侧不是GDP，而是投融资货币总量，GDP与投融资货币总量是不相等的，后者的数值要大的多，这样计算出来的货币流通速度才更真实。

第一篇

"新三驾马车"经济增长理论

——基于GDP"生产法"的经济增长模型研究兼谈中国经济增长空间

传统的三驾马车理论是基于需求侧的经济增长模型，是与GDP统计的"支出法"相对应的，而新三驾马车理论是基于供给侧的经济增长模式，是与GDP统计的"生产法"相对应的。依靠传统"三驾马车"拉动的经济增长是"加法式"增长，是依靠要素扩张式的经济增长，是边际递减的经济增长模式，而依靠"新三驾马车"拉动的经济增长是"乘法式"增长，是基于技术进步的经济增长，是边际递增的经济增长模式。根据"新三驾马车"经济增长理论，中国未来还有八倍的经济增长空间。

一、研究背景与新三驾马车经济增长理论的提出

近年来，中国经济出现了增速趋缓的情况，人们对经济的担忧也从对"中等收入国家陷阱"的担忧转向了对"鲍莫尔病"的担忧，很多人认为一个国家经济发展到一定程度出现增速趋缓是正常情况，而"鲍莫尔病"也是很难克服的，但是在本人看来，中国经济增速趋缓主要是因为中国经济增长长期依赖的经济模型出现了问题，而鲍莫尔病也并非不可克服，本文建议中国经济增长的动力应该由老三驾马车模型转型为新三驾马车模型。

新三驾马车是本人2006年在平衡经济学中提出的理论，认为经济增长取决于生产效率、交易效率和产品创新这三方面的改善，即"GDP=生产效率×交易效率×产品创新"。在新三驾马车GDP模型中，三个变量的改善都是以技术进步为基础，这一点与高级宏观经济学中的索洛增长模型不谋而合。索洛模型认为技术进步是决定经济增长的核心因素，美国经济学家

索洛还在其增长模型中提出了"全要素生产率"的概念用以指代由技术进步导致的经济增长。

但是索洛也仅仅是提出了"全要素生产率"的概念，而并没有建立起技术进步与经济增长之间更深层次的逻辑模型，因此索洛模型也最终沦为黑板经济学、论文经济学，并没能真正地去指导决策，后来阿罗、罗默、卢卡斯等人虽然又提出了内生增长模型，将技术进步的原因追溯到了知识和人力资本的提高，但也没有将这些因素与经济增长直接挂钩，或是挂钩得过于复杂，在现实中难以实践。

三驾马车经济增长理论最初来源于宏观经济学中GDP统计的"支出统计法"，这本来是一种GDP的统计方法，但由于其简单易用的特性，逐渐演变成了增长理论的一种。但这老三驾马车更多的是依赖生产要素的扩张，而且对经济增长的作用是边际递减的，所以严重依赖老三驾马车的中国经济出现增速趋缓也就不可避免了。

二、新三驾马车经济增长理论与GDP统计方法的对应关系

本文提出的新三驾马车理论主要着眼于生产效率、交易效率和产品创新对经济增长的作用，与现有的"支出法GDP统计"是很难对应的，但是GDP统计方法并非只有一种，除了"支出法"外，还有另外两种方法，分别是生产法和收入法，比如美国GDP统计就更多的是采用收入法，而通过与后面两种GDP的统计方法的对照，我们则可以很容易发现新三驾马车对经济增长的意义，而且确切地说，新三驾马车是一种与GDP的生产统计法完全对应的经济增长模型。首先我们从"生产法"来看。从"生产法"的角度，一个国家可以生产出更多种类的产品，而且每种产品生产得更快，交易得更快，这个国家在单位时间创造出的生产总值就会更高，各个产品的生产值相加就是一个国家的GDP，而产品种类的丰富度就是由新三驾

马车中的"产品创新"决定的，而产品生产的快慢就是由新三驾马车中的"生产效率"和"交易效率"两驾马车决定的。因此新三驾马车理论与生产法是完全对应的。

新三驾马车理论虽然是基于生产法的GDP模型，是但从收入法的角度也可以非常容易解释新三驾马车对经济增长的作用。在不考虑产业链因素的情况下，收入最高的国家肯定是经济效率最高的国家，一个国家如果能创造出世界上最先进的经济效率，就没有理由是一个低收入的国家，因此我们只要不断提高经济的生产效率和交易效率，就可以让每个民众在单位时间内创造更多的经济增加值，同时他们的收入也就会更高，每个民众的收入加到一起就是这个国家的GDP，因此从收入法的角度也很容易解释新三驾马车对经济增长的作用。凯恩斯的老三驾马车理论建立的是投资与收入之间的模型，笔者的新三驾马车理论建立的实则是效率与收入之间的模型。

三、"新三驾马车"经济增长理论对经济的指导作用

全世界都强调创新，但是客观地说，创新并没有真正被纳入主流经济学，关键就是以前的学者并没有建立起相应的模型，比如熊彼特作为创新经济学的代表人物之一，是以异端经济学的名义被记载在经济思想史中，熊彼特的理论只能在经济学教材外口口相传，关键是他的理论是表述性的，没有经济模型。而新三驾马车经济增长模型则完全不同，新三驾马车经济增长理论可以很好地将创新与技术进步纳入宏观经济学的研究当中，因为创新可以促进生产效率的提高，可以促进交易效率的提高，还可以促进产品创新的提高，这三者的提高都必须依靠技术进步带来的创新，因此在新三驾马车经济增长理论中，创新是贯穿经济增长全过程的，而且任何经济政策制定者只要看到新三驾马车经济增长模型，都会很自然地想到用创新

来促进经济增长。

当我们提出新三驾马车经济增长模型后，国家制定经济增长政策的思路就会拓宽很多，我们制定经济增长政策时，不仅可以从传统的投资、消费、出口的视角出发，还可以从提升生产效率、交易效率和产品创新的视角出发，这三个变量任何一方面的提升都会导致经济总量的增长，而且新三驾马车经济增长理论更接近经济增长本质。新三驾马车带来的经济增长是典型的由"全要素生产率"改善带来的经济增长，政策制定者可以直接针对这三个方面制定政策，非常清晰明了，比如我们可以通过制定鼓励自动化、人工智能的应用提升生产效率；我们可以通过提高交通效率、信息效率来提升交易效率；我们可以通过鼓励科研与创投促进产品与服务的创新，这些都是政府可以发挥作用的地方。新三驾马车与老三驾马车还有一个重要区别是，一个是"加法式"增长，一个是"乘法式"增长，三个增长要素之间是乘数关系，任何一个要素的倍增都可以带来经济总量的倍增。

新三驾马车经济增长理论除了指导宏观经济增长之外，在微观经济分析上也有着丰富的应用场景，比如投资人看待一个项目是否具备投资的意义时，就可以看其对提升经济生产效率、交易效率和产品创新方面是否有意义。如果一个投资项目可以对其中之一有改善就是值得投资的，一个国家的经济增长和投资机会也就蕴藏在这新三驾马车的改善之中。

就拿实体经济和虚拟经济来说，我们越来越重视实体经济，但是对互联网、金融等虚拟经济对经济增长的作用则肯定不足，但这些行业对提升经济的生产效率和交易效率则是非常有用的，其中电商互联网对提升市场经济的交易效率非常有用，比如以电商、外卖、共享交通为代表的数字经济都可以大大提升交易效率，都对经济增长起到重要作用。金融作为虚拟经济对提升生产效率有很大作用，因为融资是生产的前提，提升融资效率与改善劳动生产率对生产效率的提升具有同等重要的作用，而这是我们以前容易忽略，甚至是很少被重视的。通过新三驾马车，我们就很容易发现互联网和金融对经济增长的作用。

四、新三驾马车背后的经济学范式创新

经济增长理论从老三驾马车向新三驾马车的转变，从某种程度上也是经济学分析范式的转变，当代西方经济学经过二百多年的发展主要形成了四种分析范式，分别是马克思经济学的生产力—生产关系分析范式，新古典经济学的供给—需求分析范式，凯恩斯经济学的投资—消费分析范式以及古典经济学的生产—分配—交换—消费"四分法"分析范式。大家对前面几种经济学研究范式比较清晰，但对产生最早的古典经济学范式却了解最少。古典经济学的分析范式起源于萨伊，完善于穆勒，新古典经济学兴起后，"四分法"退出了经济学，被新古典经济学的供给、需求分析、价格均衡所代替。西方经济学从古典经济学转向新古典经济学后，越来越脱离实际，成了纯粹的黑板经济学，不能再指导实践，而大萧条之后发展起来的凯恩斯经济学日益成为主流，投资和消费也替代了供给与需求成为人们日常分析经济的主流词汇，而笔者的新三驾马车理论主要采用的就是古典经济学的生产、交易概念，可以算是古典经济学的复兴，但客观说，古典经济学也仅仅是使用了生产、交换等概念，但真正作为一种分析范式则是在我的平衡经济学中形成的。平衡经济学就是依靠对生产与交易的分析形成的一套打通微观与宏观的全新的经济学思想体系，而新三驾马车经济增长理论就是平衡经济学思想体系中的一部分，属于平衡经济学的经济增长理论。

五、新三驾马车对克服鲍莫尔病的意义

美国经济学家鲍莫尔因研究经济效率提升中的结构性问题而闻名，他

提出服务业最终因难以提升效率而拖累经济的增长。鲍莫尔的分析表面上非常有道理，但仔细分析还是存在一定问题的。鲍莫尔并没有将经济效率进行生产效率和交易效率的区分，他只看到了服务性产品在生产效率方面难以提升的事实，但是他却没有意识到通过在交易环节效率的提升同样可以促进服务业的整体供给效率的提高，毕竟一个产品的供给效率不仅仅是生产效率一方面决定的，而是由生产效率和交易效率两方面共同决定的，即供给效率等于生产效率乘以交易效率。比如一首音乐可以通过互联网一夜之间红遍世界，这在贝多芬时代是不可能的，互联网经济大部分都是可以通过在交易环节提升效率来克服"鲍莫尔经济增长病"的。以前人们没有从经济学的角度对数字经济的作用进行充分肯定，关键就是我们使用的经济模型出了问题，以老三驾马车为参照模型，虚拟经济确实不能直接对增加投资和消费起到作用，但是当我们将经济模型换成新三驾马车后，就会发现数字经济大大提升了我们经济的交易效率，当然也极大地促进了经济的增长，因此通过模型转换，我们对数字经济对经济增长的作用也得出完全不同的结论，长期困扰经济增长的"鲍莫尔病"问题也可以通过交易效率的大幅提高迎刃而解。因此即使中国经济中服务业占比越来越大，中国经济增速也未必会出现下降，因为服务业的效率改变也是非常快的。

在新三驾马车经济增长理论中，市场经济的生产效率是由融资效率和劳动产生率决定的，市场经济的交易效率主要是由交通效率和信息效率组成。在经济效率提升的过程中，有的需要企业创新来达到，有的则需要政府在其中发挥重要作用，一般来说，对于一个国家效率的提升，生产效率的提高主要靠民间，交易效率的提高则主要靠政府，因为很多市场交易的达成严重依赖于政府提供的公共产品，比如交通基础设施和信息基础设施，公共市场的构建、产权的划分等，政府都可以在提升经济效率方面发挥出重大作用。

通过上面的分析，我们就会发现，我们以前强调科技创新时更偏重其对产品创新的作用，而忽略了科技创新在提升市场经济生产效率和交易效率的作用，新科技除了可以创新出新的产品外，如果能提升产品的生产和交易效率，同样也可以极大地拉动经济增长。

六、新三驾马车经济增长理论的优势

新三驾马车经济增长理论与传统三驾马车经济增长理论除了本质不同、经济模型不同之外，还具有非常明显的优势：

第一，新三驾马车经济增长理论是乘法式增长，在新三驾马车经济增长理论中，生产效率、交易效率和产品创新三者是乘数关系，而传统三驾马车中的投资、消费、净出口是加数关系，建立在乘数关系上的经济增长比建立在加法基础上的经济增长可以更快地促进经济增长。

第二，新三驾马车经济增长理论是供给侧的经济增长，而传统三驾车经济增长是需求侧的增长，需求侧的经济增长并不一定带来经济效率的提高，还很可能带来通胀，这也是很多学者认为美国曾经的"滞胀"是实施凯恩斯主义造成的，新三驾马车经济增长是供给侧的增长，而且依赖的是技术进步，是经济效率的提高，这必然带动经济增长，而这种增长是不会带来通胀，基于劳动生产率提升的经济增长还可以抗通胀。

第三，新三驾马车经济增长是建立在边际递增的基础上，一个国家技术越强，技术应用的可能性就越大，技术与技术之间是相互关联的，符合边际递增的网状结构特性，因而与技术相关的增长是可以实行边际递增的，而依赖生产要素扩张的经济增长是边际递减的。

第四，新三驾马车的经济增长更适合像中国这样发展到一定程度的国家的增长，而传统三驾马车更适合比较落后的发展中国家的经济增长。中国经济已经有了一定的技术基础，可以也应该由老三驾马车推动下的经济增长转向由新三驾马车推动的经济增长。

七、中国经济未来至少还有八倍的增长空间

根据新三驾马车增长理论，中国经济未来至少还有八倍的增长空间。中国未来可以创新出的产品或服务的种类还会增加一倍，这是没有问题的，这一要素就可以导致中国经济总量翻一番；如果这些产品或服务的生产效率再提高一倍，中国经济就可以再翻一番，这就是四倍的增长空间；目前随着自动化、人工智能、大数据、物联网等技术的深度应用，生产效率再翻一番也是没有问题的，如果产品或服务的交易效率再翻一番也同样可以带动生产效率再翻一番，这就是八倍的增长空间，而且未来随着交通和信息效率的改善，产品或服务的交易效率再翻一番也是没有问题的，因此在未来中国经济至少还有八倍的增长空间，当然这些增长何时能够被释放出来是没有具体时间表的，主要取决于技术进步的快慢。

八、结论

总之，我们对经济增长的关注视角应该更多地从需求侧转向供给侧，基于GDP"生产法"的新三驾马车经济增长理论作为经济增长思想提出了新的范式革命，可以实现经济增长由加法式增长向乘法式增长的转变，能让我们更容易看清经济增长的真谛，也更容易发现经济增长的空间，也更有利于政府制定有利于经济增长的宏观经济政策，应该成为制定经济增长政策的重要参考。

当我们将经济增长范式由老三驾马车转换为新三驾马车后，让科技充分发挥在提升经济生产效率和交易效率的作用，就会发现中国经济重回甚

至超越原先的高速增长都并非没有可能，毕竟在现代经济学中，科技对经济增长的作用是边际递增的，随着中国科技能力越来越强大，中国经济增速理论上应该越来越快才对，因此中国未来在人均GDP赶上发达国家之前，仍然可以保持一定程度的高速增长。

第二篇

第四代经济增长理论

——从"创新资本经济学"视角解释中国经济对美国
的快速超越

经济增长理论最核心的目的是找出一个能够决定经济增长的根本性因素，"二战"之后，人类已经诞生了三代经济增长理论，有众多的经济学家参与其中，但客观地说，决定经济增长的那个根本重要性因素并没有完全被找到，现有的经济增长理论对现实的经济增长的指导意义也不大，也很少见到有政府根据经济增长理论制定经济政策。本篇提出了第四代经济增长理论——"创新资本经济学"，认为经济增长取决于创新，但创新要快速转化为生产力则取决于"创新资本"的支持，而创新资本的募集则需要高利率货币环境做基础，国家之间经济竞争的核心是"创新资本总量"的竞争，利率是一个国家实现经济增长最根本的内部驱动力。

一、人类经济增长理论研究综述

人类研究经济增长问题并不是从"二战"之后才开始的，早期经济学家如亚当·斯密、李斯特等学者都提出过自己的经济增长思想，"二战"之后，人类进入了经济增长理论研究的高峰期，本篇对经济增长理论代数的划分主要是从"二战"之后，经济增长理论成为一个独立的经济学分支时开始的。"二战"之后最先主导宏观经济学的是凯恩斯经济学，因此第一代经济增长理论也是基于凯恩斯主义的。在凯恩斯主义经济学中，经济增长主要靠投资，但投资主要靠什么，第一代经济增长理论给出了答案，认为储蓄率是决定经济增长的关键因素，认为经济增长率决定于储蓄率。第一代经济增长理论的提出者是英国牛津大学哈罗德教授，此人同时也是凯恩斯传记的作者。哈罗德提出的第一代经济增长模型，在经济学中被称为哈罗德－多玛模型，因为美国经济学家多玛在他的论文中也提出了类似模型。

第一代经济增长理论将决定经济增长的根本因素归结为储蓄，这就引出了其他问题，储蓄是不是越多越好？储蓄率到底是多少最为合适？关于这些问题，美国经济学家菲尔普斯给出了答案。他认为资本积累存在一个最优水平，如果一个社会储蓄率过高的话，那么便会导致"经济动态失效"现象，降低了人们的长期福祉。他通过模型计算出了决定经济增长黄金储蓄率水平，菲尔普斯也因此获得了2006年度的诺贝尔经济学奖，自此，第一代经济增长理论的研究告一段落。

其实第一代经济增长理论与现实并不完全相符，只可以用于解释发展中国家的经济增长，而发达国家的增长并不靠储蓄和投资，而是靠技术进步。而且一个国家的经济增长如果主要靠资本积累，则会出现随着资本积累的收益递减，最终增长也会停滞，因此将技术因素引入经济增长理论非常重要，这就是第二代经济增长理论的主要内容。第二代经济增长理论认为"技术进步"才是经济增长的最终动力。第二代经济增长理论的提出者是美国经济学家索洛，索洛最大的贡献是提出了技术进步对经济增长的贡献的计算方法，他将由技术进步引发的经济增长称为"全要素生产率"增长，包括知识、教育、技术培训、规模经济、组织管理等方面的改善，"全"的意思是经济增长中不能分别归因于有形生产要素的增长的那部分，因而全要素生产率用来衡量除去所有有形生产要素以外的纯技术进步的生产率的增长。索洛本人也因此获得了1987年的诺贝尔经济学奖。

当第二代经济增长理论将"技术进步"确定为决定经济增长的根本重要性因素后，一个新的疑问就随之而来，经济发展所需要的技术进步从何而来？这一疑问也造就了第三代经济增长理论。第三代经济增长理论解决的就是经济体系内部是如何产生技术进步的问题。最早解决这一问题的是美国经济学家阿罗，他提出了"干中学"模型。阿罗认为，人们是通过在实践中学习而获得知识的，技术进步是知识的产物、学习的结果，也就是说，技术是人才在"干中学"中获得的。阿罗在1972年获得了诺贝尔经济学奖，同时他也是最年轻的诺贝尔经济学奖获得者，当时才51岁。阿罗之后罗默也提出了内生经济增长的思想，认为知识的边际递增效应是导致进步的根源，后来卢卡斯也建立了人力资本增长模型，认为经济增长主要是由于人力资本的提升。2018年，罗默因为内生增长理论获得了诺贝尔奖，卢卡斯也是1995年诺贝尔经济学奖得主。之后，经济增长理论就没有更大的突破。

经济增长理论如此重要，以至于那么多诺贝尔奖经济学家投身其中，甚至卢卡斯有一句广为流传的名言："一旦你开始思考经济增长问题，就很难再去想别的了。"但是我们不禁要问，人类目前所探索出的经济增长理论就真正解决经济增长问题了吗？技术、知识和人才就是人类经济增长的终极秘密吗！看看现实，如果说技术进步是经济增长的最终动力，那么当今社会日本是一个技术大国，以前每年创造着几乎全球最多的技术专利，但日本为何长达二十年经济停滞？如果说知识与人才是世界经济增长的动力，那么为何美国拥有世界上最先进的大学，拥有世界上最多的知识与人才，那么为何美国近年开始担忧被中国超越？人类现有的经济增长理论与其说是揭示了经济增长的本质，不如说是用极其复杂的模型解释了一些最显而易见的常识而已，现代经济增长理论仍然是不完善的，决定经济增长的那个根本性因素还没找到。

二、第四代经济增长理论强调"创新资本"的重要性

在笔者看来，人们对经济增长问题的探索还远远没有结束。我们可以顺着第三代经济增长理论的成果继续追问，人才和知识可以产生技术，但技术进步就一定可以马上转化为经济增长吗？这里面也欠缺一个最重要的要素——资本。如果没有资本去支持技术转化为现实生产力，经济就不会

增长。技术进步向现实经济增长转化是需要资金投入的，因此笔者提出了第四代经济增长理论。

第二代经济增长理论论证了技术进步的重要性，第三代经济增长理论研究了技术进步的来源问题，第四代经济增长理论研究的则是技术进步如何快速转化为生产力的问题。在第四代经济增长理论中，笔者认为一个国家的技术能不能够快速转化为生产力取决于这个国家在创新领域聚集的资本规模。创新领域聚集的资本也称为"创新资本"，他与传统企业所依赖的信贷资本是完全不同的。传统意义上的资本更多的是债权资本，他们主要由银行提供，他们的收益是固定的利息，而"创新资本"更多是以股权资本的形式出现，他们赚取的不是利息，而是股权增值收益，股权投资行业聚集的创新资本规模才是决定经济增长的关键因素，这比人才和知识更重要。

第四代经济增长理论与第二代、第三代经济增长理论并没有本质冲突，而且一脉相承，第三代经济增长理论研究的是知识和人力资本如何转化为技术进步，解决的是"从0到1"的问题，而第四代经济增长理论研究的是技术进步如何转化为生产力，解决的则是"从1到N"的问题。

三、新"国家竞争力"理论

第四代济增长理论认为，一个国家要想尽快地让"技术进步"转化为"生产力"，就必须用最短的时间募集到更多的"创新资本"去支持技术进步的转化，哪个国家可以更快地募集到更多的创新资本，哪个国家就可以更快地将技术进步转化为现实的经济发展。因此在第四代经济增长理论看来，国家竞争比拼的是"创新资本的募集能力"，最直观的指标是国家的"创新资本总量"，当一个国家的"创新资本募集能力"开始被另一个国家超越时，这个国家的"创新资本总量"也就开始被另一个国家超越，那么这个国家的创新能力也会很快被另一个国家超越，这个国家的经济发展水平也将很快被另外的国家超越。

第四代经济增长理论认为"创新资本募集能力"和"创新资本总量"是国家间经济竞争的核心。因为各国在基础科学领域都是相通的，基础知识是可以跨国流动的，科研论文是全世界都可以查看的，真正拉开差距的是应用技术层面的差距，最明显的就是苹果、华为、高通、英特尔、台积电这些世界知名企业，他们也并没有做出多少震惊世界的伟大科学发现，他们的科研人员也并不具备获得诺贝尔经济学奖的能力，他们只是在应用领域进行了更多的创新积累而已，而正是这些应用方面的差距才可以真正拉开不同国家的经济差距。

中国在不少创新领域都超越了美国，也不是因为中国在基础科研领域超越了美国，而是中国在科研转化方面超越了美国，因此一个国家基础科研暂时落后并不可怕，科研转化能力强也是极大的优势。

四、"创新资本募集能力"背后的货币政策因素

当第四代经济增长理论将决定经济增长的根本因素聚焦到"创新资本募集能力"和"创新资本总量"之后，我们还应该继续追问，一个国家如何才能具备很强的创新资本募集能力呢？这才涉及第四代经济增长理论研究的最核心的问题。

根据笔者研究，一个国家创新资本的聚集速度是与货币利率因素密切相关的，确切地说是，一个国家的创新资本募集能力与货币利率成正比。一个国家实行较高的货币利率才是导致一个国家的资金向创新领域聚集的核心因素。这也是第四代经济增长理论的核心内容之一。

其实任何一个国家都是拥有大量资金的，美国经济总量高于中国，而且是全球主权货币国家，2008年以后更是长期实行量化宽松货币政策，因

此美国拥有的资金总量显然也比中国更多，但为何在2019年前后美国创投资金的总规模被中国超越了呢？其实一个国家拥有多少资金并不重要，资金的流向才重要。只有资金流向创投领域，才可以形成创新资本。如果资金大量流入证券市场，只能形成资本泡沫。那是什么决定资金的流向呢？是货币利率，在笔者的著作中称之为"利率指挥棒"。

笔者曾经提出过"货币流动理论"，认为资金是在"利率指挥棒"的指挥之下流动的，高利率可以让社会资金涌向股权投资，低利率则有利于社会资金涌向信贷消费和证券投资。一个国家只有在比较高的货币利率情况下，民众才愿意将资金用于投资理财，因为只有高利率环境才可以为投资资金提供高额回报。有了高额回报，金融机构才能比较容易募集到资金，而在低利率下，人们宁可将钱花掉，也不会进行投资理财，或是将廉价资金投入高风险领域博得更高收益。对于一个国家来说，支持创新的主要是股权投资机构，他们的资金也主要来源于其他金融机构，也受到金融利率的影响。高利率环境可以让其他金融机构更好地募集资金，这些机构为股权投资机构提供资金，有了资金才可以更好地去支持创新。但归根结底，创新资本的来源是民众的理财资金，因此民众理财资金的流向非常重要，高利率可以将民众理财资金引导到银行或其他类固定收益领域，而非证券投资市场。

2008年金融危机后，中国出现了创业与投资热潮，这是因为当时中国的货币利率高，所以中国的金融是非常活跃的。中国提高利率是为了应对美国量化宽松的热钱溢出导致的通胀，高利率环境下，中国的股权投资机构募集的资金总额也是全球最高的，再加上高达万亿级的产业基金支持，中国出现全球最火热的创新就不足为奇了。比如2019年4月数据，在基金业协会备案的创业投资基金达6975只，管理资产规模为9970亿元。根据美国证券交易委员会（英文简称SEC）发布的2018年第二季度数据，在SEC备案的创业投资基金846只，管理规模800多亿美元。中国创投基金规模已超过美国，甚至接近美国的两倍。而同年发布的《2019胡润全球独角兽榜》：中国超过美国，以206家比203家领先。2020年全球独角兽企业500强中，中国企业数量和估值居世界第一，分别为217家和9376.9亿美元，连续两年位居全球独角兽企业500强榜首。

其实历史都是惊人的相似，中国和美国创投行业的崛起都是在高利率的环境下实现的。在美国，创投也是一个非常年轻的行业。美国创投行业的崛起，源于里根时代的高利率，但这不是有意为之的，也是防通胀的结果，美国当时的经济背景是滞涨。相反，美国和日本的创新衰落的经济政策背景也是惊人的相似，都是受到"量化宽松"货币政策的影响。日本是世界上最早实行量化宽松货币政策的国家之一，日本从互联网时代就开始落后于世界，尽管日本拥有的专利居于世界前列，但这些专利没有创投资金的支持，无法实现产业化，同样一个专利在中国的售价远远高于日本。美国是从移动互联网时代开始实行量化宽松货币政策的，美国在移动互联网时代也是全面落后于中国的，这不是美国的人才不再具有创新精神，而是美国不再有那么多的创投资金去支持他们的创新。相反，中国的头部创投机构很多用的是美元、欧元的资金。

本篇中的"创新资本"主要就是指的应用创新领域的资本投入，不包括国家在基础科研领域的投入，国家竞争的背后的核心是民间的、应用创新资本总量的竞争，政府成立的产业基金如果主要用于产业孵化，不是基础科研，主要是通过民间股权机构投资到具体的项目上，也是创新资本的一部分，这部分资金也是导致中国资本总量和独角兽企业数量在2019年前后超过美国的重要原因，但后来随着美国利率上行，我们的创新资本总量被美国反超时，美国又培育出了比我们更多的独角兽企业，这也从相反侧面印证了第四代经济增长理论的正确性。

五、影响货币政策的因素分析

影响创新资本募集的是一个国家的利率，那么一个国家的利率水平是什么决定的呢？

首先，政府债务水平从根本上决定一个国家的利率水平。

一个国家的利率水平是由政府债务决定的，一个国家能够实行多高的利率，主要取决于政府拥有多少债务，政府的债务越高，则会被动地实行低利率，政府债务越低，才可以实行高利率，笔者将之称为"政府债务是金融利率的天花板"。当一个国家的政府债务大到一定程度后就会对央行利率进行"锁定"，当然这种锁定是一种"低利率锁定"。当前，日本和美国都面临着这种由政府债务引发的央行低利率锁定状况。在这种状况下，央行稍微加息，政府债务都会有崩盘的风险。现在日本实行了二十多年的零利率，就是因为日本政府债务最高，如果政府加息，财政就容易崩盘。

其次，政府的宏观经济政策偏好也是决定利率水平的重要因素。

中国与西方国家有着不同的政府经济政策偏好，经济危机来临时，西方国家一般都会首选货币政策，主要是通过降低利率的方法治理经济危机，而中国一般首选财政投资，主要通过政府财政投资刺激经济增长，从而走出危机。

六、第四代经济增长理论与熊彼特、鲍莫尔的经济学研究并不冲突

在历史上，经济学家熊彼特以研究创新闻名，但是他研究的主要是创新的形式，而对"创新资本"研究得比较少。熊彼特时代的"创新资本"仍然是债权资本，来源是银行，熊彼特时代股权资本仍然没有出现，因此熊彼特研究的是"创新经济学"，而笔者研究的是"创新资本经济学"，这

是两个不同的研究范畴，不可混淆。第四代经济增长理论——创新资本经济学与熊彼特的创新理论相同的是，我们强调的创新都是指应用层面的创新，而不是基础科研领域的创新，只有应用创新才可以快速转化为经济发展。

熊彼特在研究创新时特别强调"企业家精神"的重要性，但后来遭到了美国经济学家鲍莫尔的否定。2002年，鲍莫尔出版《资本主义的增长奇迹——自由市场创新机器》，指出市场的活力源泉并不只是企业家精神，企业家不可能突然同时在某一时刻大量涌现，也不可能突然消失，更合理的是，企业家精神并非稀缺资源，创新创业活动的增长和减少的原因在于纯粹的经济因素，整个经济体系报酬支付结构的变化，这个变化背后则是社会制度环境的变迁。企业家精神和资源在生产性和非生产性（寻租）行为之间进行配置的方式，关键在于制度设计，如果制度安排不巧，企业家精神就会用于大胆的寻租活动，或破坏性活动，而将较少的用于生产性的创新活动。企业家并不天然具有创新职能，而是市场竞争迫使其创新。在垄断或鼓励寻租的市场环境下，企业家的创新很可能是非生产性的。

鲍莫尔虽然批判了熊彼特对企业家精神的盲目吹捧，指出了激发企业家精神的"政策环境"与"报酬支付结构"才更重要，但并没有指出是什么样的政策环境才是最好的，也没有指出"整个经济体系报酬支付结构"如何设定，这一点笔者在第四经济增长理论——创新资本经济学中则给出了回答，笔者提出的"高货币利率政策"就是一种有利于创新的"报酬支付结构"，可以为企业家创新创造良好的政策环境。

七、经济增长的"内驱力"问题

经济增长可以分为内生增长与外生增长，外生增长是不可持续的，经济增长最终要依靠内生增长，但内生增长的最优方法绝非自由放任，自由放任也诞生不了内生增长。

现代经济增长理论经过几代人的研究，逻辑越来越清晰，第二代经济增长理论提出了经济内生增长的前提是"技术进步"，第三代经济增长理论指出了技术进步的来源是"知识的边际递增效应"，第四代经济增长理论则提出了"创新资本"的快速募集才可以推动技术进步的快速转化，而"高利率货币政策"可以推动创新资本的快速募集，这一套逻辑构成了完整的"创新动力学原理"。根据"创新动力学原理"，一个国家经济增长的根本"内驱力"是"利率"。利率越高，经济增长的内驱力越强，利率越低，经济增长的内驱力越弱，经济增长理论本质上也是研究经济增长的内驱力问题。

第三篇

动态货币数量论与央行"运行货币总量管理"规则

——基于"发行货币"与"运行货币"概念的货币周期与经济周期研究

货币数量研究一直有两大方向，一个是货币数量论，一个是信用创造论，现在主流的货币学在理论上是货币数量论主导的，因为弗里德曼的货币学派是货币数量论的拥护者，以至于研究信用创造论的学者越来越少，但这两种理论最终是要统一的，因此本篇提出一个新的理论——"动态货币数量论"。动态货币数量论可以实现货币数量论与信用创造理论的统一。本篇在动态货币数量论的基础上提出了货币运行周期理论和经济危机时的货币补偿和投资补偿理论，并以此解释了量化宽松货币政策为何会失灵以及量化宽松为何短期不会引起通胀的问题，另外，还提出了"运行货币总量管理"的央行货币政策规则。

一、动态货币数量论与货币周期理论的提出

为了更好地解释"动态货币数量论"，我们提出三个与货币有关的新概念，分别是"发行货币""运行货币"和"货币运行效率"，以避免与现有的"基础货币""狭义货币""广义货币"等概念相混淆，发行货币就是印刷出来的货币，在经济学上也称为外生货币，运行货币是经过银行以及其他金融机构信用创造后的货币，运行货币的数量始终是动态的，我们的"动态货币数量论"主要针对的是运行货币。

运行货币总量＝发行货币进入经济体系运行的部分＋经济体系内生出来的信用货币

在此，我们还要提出另外两个概念就是货币供给和有效货币供给，银行印刷的货币是货币供给，但不一定成为有效货币供给，只有实际在经济体系中运行的货币才是有效货币供给，如果货币流通速度降为零，有效货

币供给变为零。

动态货币数量论下的货币数量定律是：货币越用越多，越不用越少。其背后的原理是：金融机构发放的货币贷款越多，派生的存款也就越多，运行货币的总量也就越多；货币贷款越少，派生的存款就越少，运行货币的总量也就越少。货币的运行效率主要取决于货币的流转速度，货币流转速度越快，货币的运行效率就越高。

运行货币的多少不是由央行决定的，而是由宏观经济决定的，是由企业和政府的信贷意愿决定的。什么情况下运行货币会变多，什么情况下运行货币会变少，这不是无规律的，而是有周期的，也就是说，货币运行也存在一个类似宏观经济的周期，而且货币的运行周期一般是与宏观经济周期同步的。货币运行周期表现为：经济繁荣时期运行货币自动增加，经济萧条周期运行货币自动减少，"运行货币"的数量随着宏观经济的扩张而扩张，随着宏观经济的收缩而收缩，运行货币的数量不仅是动态的，而且呈现出周期性特征。货币周期是一个与宏观经济周期同步的周期，货币周期是内嵌在宏观经济周期之中的，这两个周期的关系是，宏观经济周期是"因"，货币运行周期是"果"。

此外，我们还应该明确通货膨胀只与"运行货币"的数量直接相关，与"发行货币"的数量并不直接相关，而是间接相关。运行货币的主要制造者不是中央银行，而是政府和企业家的投资行为，是金融体系内部。后凯恩斯学派也将货币分为"内生货币"和"外生货币"，而动态货币数量论中的运行货币的数量则等于内生货币与外生货币数量之和。

以前经济学界只谈经济周期，没有单独提出货币周期的概念；只谈发行货币，很少谈运行货币的概念；只谈货币供给，而不谈有效货币供给，导致人类对货币的理解出现了很多的偏差。当我们用动态货币数量论将这些概念建立起来后，就会更容易看清货币运行的规律，才可以更好地指导货币政策的制定与实施。

二、动态货币数量论的提出背景以及货币史中两种研究路线梳理

"货币数量论"是很古老的理论，来源于更早的"货币面纱论"，货币数量论又衍生出"中性货币说"。在经济学界，研究利率理论的经济学家基本都反对货币中性说，坚持货币中性说的大部分是货币数量论者，根据我们上面对货币周期的总结，就会发现，货币运行是有周期的，其总量有时扩张，有时收缩，也就是说"运行货币"的总量是动态的，因此如果我们再坚持静态的、机械的货币数量论是无意义的，严格意义上的货币数量论只适用于银行出现之前的时代，自从有了银行，有了货币的"信用创造"后，谈发行货币与通胀的关系其实就失去了意义，静态的货币数量论其实已经破产，因此我们需要在原先"静态货币数量论"的基础上，吸收信用创造理论的精华形成"动态货币数量论"，这样才可以达到货币数量论与货币信用创造理论的统一，而"发行货币"和"运行货币"这两个概念就是构建这种理论统一的桥梁。

除了银行的出现对货币数量论有冲击之外，中央银行的出现也对货币数量论产生了极大的冲击。有了中央银行之后，货币的价格是受到中央银行指导的，中央银行是"货币批发价格"的制定者，货币市场没法形成完全意义上的价格调节，货币市场更多体现为"货币批发价格决定货币零售价格"，"货币零售价格再决定货币供需"，而非"货币供需决定货币价格"，因此货币数量论遭遇到央行的货币价格调控，其作用就很小了。如果人类回到没有出现银行和中央银行之前的年代，货币数量论肯定是毫无争议的，银行的出现让货币数量由固定的变成了动态的，而中央银行的出现，将货币的价格变成了"国定"，在银行和中央银行的双重冲击下，货币数量论已经千疮百孔，在现实中已经变得意义不大了。

进入现代社会之后，人类早就摆脱了早期货币数量论的束缚，货币

学研究的主流一直沿着货币信用创造的方向研究，桑顿、麦克劳德、阿伯特·韩、熊彼特、费雪的货币理论都是基于货币信用创造理论的，马克鲁德在其《信用的理论》一书中早就明确提出"银行的本质是信用的创造和发行，所以银行绝不是借贷货币的店铺，而是信用的制造厂"。美国经济学家费雪提出的费雪方程、"债务通缩"理论也是与信用创造论一脉相承的，不过早期的信用创造论者更多强调的是经济危机爆发之前信用扩张对经济危机的作用，而费雪则重点阐述了经济危机爆发之后信用收缩对经济危机的影响。

弗里德曼重新回归货币数量论，是抹杀了前人的大量研究成果，将货币研究重新拉回到了"中世纪"，本质是货币理论研究的一种严重倒退，理性预期学派又从理性预期角度强化了货币中性说，更是导致了货币理论研究的又一次倒退。后凯恩斯学派的卡尔多、温特劳布、莫尔等学者为了对抗"货币数量论"的逆流，提出了"内生货币理论"，算是对人类货币研究的一种拨乱反正，内生货币理论本质也是货币的信用创造论的延续，但是观察视角不同。"信用创造论"是一种仅仅基于银行内部的微观观察，"内生货币"理论则是一种扩展到了整个货币领域的宏观观察。笔者提出"货币周期"和"动态货币数量论"同样也是对整个宏观经济的观察，特别是对货币在经济周期中如何运行的观察。但笔者又以"运行货币"的概念融合了货币数量论的分析范式，让货币数量论从静态化走向动态化，让其重新焕发生命力。这与内生货币学派强调与货币数量论的绝对对立是不同的。

三、用动态货币数量论解释"量化宽松"为何效果不佳？

"量化宽松"货币政策是弗里德曼货币学派"直升机撒钱"理论的应用，弗里德曼"直升机撒钱"的策略来源于1969年发表的《最优货币量》论文中，弗里德曼假设了这样一个场景：一架直升机飞过社区上空时撒下美元钞票，这些钱被居民捡走，他们将此视为意外之财并进行消费，带来实际产出增加，从而助推经济增长。"直升机撒钱"理论由此出炉。美联储前主席本·伯南克是"直升机撒钱"理论的忠实倡导者。他曾对"直升机撒钱"的运作机制进行详细阐述，将其命名为"货币化融资的财政计划"，认为这是央行刺激经济增长和避免通缩的终极武器。伯南克在2002年的一次演讲中大肆宣传弗里德曼的这一主张，而被媒体称为"直升机本"，因为伯南克的全名为"本·伯南克"。

量化宽松货币最先由日本政府实施，2008年全球金融危机之后，量化宽松成为全球通用的一个货币工具。此后，增发货币已经成为政府拯救经济危机的常态，但客观地说，"量化宽松"货币政策效果有限，原因在于弗里德曼并没有区分"发行货币"和"运行货币"的异同，量化宽松增加的只是"发行货币"，而非"运行货币"，"发行货币"的增加并非一定就会造成"运行货币"的增加，而且还可能会造成运行货币的减少，"发行货币"转化成"运行货币"才能对经济增长有效果，这中间需要企业和政府有投资贷款的意愿才能实现"发行货币"向"运行货币"的转化。在经济危机时，这种转化是非常弱的，经济危机时，"发行货币"更多的是转化为"投机货币"，"投机货币"是"运行货币"体系之外的另一种货币形式。

在中国，政府可以进行投资，发行货币可以通过政府投资直接转化为"运行货币"，但在美国，投资的主体是企业，企业如果没有投资贷款的意愿，"发行货币"增加就无法转化为"运行货币"的增加，因此量化宽松货币政策就无法起到作用。另外，量化宽松导致的低利率也会与金融机构激励不相容，会导致金融供给减少甚或成为量化宽松货币政策失败的原因。

弗里德曼研究大萧条，观察到了"运行货币"的减少，但是他错误地归因于美联储的货币紧缩。当然，美联储的货币政策有瑕疵，但大萧条期间货币数量减少的罪魁祸首肯定不是美联储，而是来自另外两个原因：一个是我们上面所说的企业投资意愿低，派生货币减少；另一个是凯恩斯所指的"流动性偏好"。"流动性偏好"的概念普通人很难理解，我们可以用另外一个中文词汇进行替代，这就是"现金为王"，这背后是人类的非理性情绪在作怪。弗里德曼只看到了结果，没有分析清楚原因。经济危机时，单纯增加"发行货币"其效果是有限的，况且，货币宽松意味着货币价格极低，也无法与金融机构实现激励相容，使金融机构没有意愿从事放贷业务，会减少货币内生，这也会影响货币传导到实体经济。

四、经济危机时的货币与投资"双补偿"

在经济危机爆发时，货币与投资都会发生收缩，如果要走出经济危机，就都要进行补偿。货币需要补偿，投资也需要补偿，经济危机治理是一个投资与货币"双补偿"的过程。量化宽松从一定程度上起到了"货币补偿"的作用，但治标不治本，但从"动态货币数量论"的角度，投资补偿是根本，因为"投资补偿"自然就会形成"货币补偿"，但单纯的"货币补偿"并不一定会形成"投资补偿"。

"货币补偿"只对少数在萧条时期仍然存在投资需求的"逆周期行业"形成"投资补偿"，但是这样的"逆周期行业"实在太少了，而如果依赖这少数逆周期行业所形成的"涟漪效应"去影响绝大多数"顺周期行业"实在是太难。因此，我们从"动态货币数量论"的角度来看，治理经济危机重点还是要依靠"投资补偿"，而"投资补偿"过程中的投资贷款行为，反而客观上会形成"货币补偿"，因此，从传统"静态货币数量论"来推理，"量化宽松"增加货币拯救经济危机是有效的，但是从"动态货币数量论"来看，用货币政策拯救经济危机显然不能治本，如果要快速拯救经济危机，还是需要增加投资政策的介入。当然，经济危机时期增加的投资肯定是以政府投资为主，因为这时民间是缺少投资意愿的。因此，我们提出拯救经济危机是一个投资和货币双补偿的过程，投资补偿为主，货币补偿为辅，货币补偿只是为了刺激那些逆周期行业。

五、从动态货币数量论看量化宽松为何不会引发通胀？

根据"动态货币数量论"，经济萧条时，"运行货币"的数量是自动减少的，量化宽松增发的是发行货币，发行货币只有转化为运行货币才可以形成真正的有效货币供给，但发行货币转化为运行货币是需要条件的，这种条件就是企业和政府去用这些货币，但是经济危机时期，企业是没有投资意愿的，政府如果也不进行投资的话，运行货币的总量可能变化不大，甚至更少了。既然运行货币的总量没有变化，当然就不会发生通胀，通胀不仅与基础货币有关，更与运行货币的多少有关。

本书将经济萧条时的货币增发称为"货币补偿"，其旨在保持运行货币的总量稳定。货币补偿不是"货币超发"，因此"货币补偿"不会造成"运行货币"总量的增长，只会有助于保持运行货币总量的稳定。经济萧条时的"货币补偿"当然也不会引起通胀，经济萧条过后，经济繁荣来临，中央银行再退出量化宽松政策收缩发行货币，总体上可以维持"运行货币"的总量稳定，也就不会有通胀与通缩的产生。

总之，"动态货币数量论"认为，通胀与通缩只与"运行货币"的数量有关，与"发行货币"的数量无关。实际上，美国几轮量化宽松都没有出现大幅通胀，俄乌冲突之后，美国出现了通胀，这主要是由于全球供应链不畅和能源价格造成的。

六、央行的"运行货币总量管理"规则

"动态货币数量论"赋予央行一个职责，那就是进行"运行货币总量管理"，这是与以前不同的。关于货币政策，弗里德曼主张的"单一规则"，

主张只控制发行货币的数量，而不管利率，而后凯恩斯主义内生货币理论则与弗里德曼相反，他们认为货币是内生的，央行发行的货币属于外生货币，仅仅控制外生货币是没有意义的，因此他们主张放弃货币数量控制，改为利率控制，后来新凯恩斯学派的泰勒提出了"泰勒规则"，成为目前主流的货币政策规则。

其实货币数量管理和利率管理各有优势，需要综合运用才行。"动态货币数量论"提出央行的货币管理规则是"运行货币总量管理"，央行具有维持整个社会"运行货币"总量不变的义务，"运行货币总量"过多必然引发通胀，"运行货币总量过少"必然引发通缩。费雪的"债务通缩"理论，本质上讲的也是"运行货币"过少引发通缩的理论。

央行如何保持"运行货币总量稳定"呢？首先，运行货币总量受到利率影响，我们在前面提到过"金融机构激励相容的问题"，货币主要是内生的，货币内生于金融机构，金融机构的货币内生能力则是受到利率的影响，因此央行保持运行货币总量稳定的第一条是保持央行利率稳定在一个不算太低的水平，这与我们曾经提出的"最优央行利率理论"是一致的。我们反对经济危机时央行降低利率，因为降低利率会导致内生货币更加不活跃，运行货币总量更少。其次，"运行货币"总量受到经济周期影响，因此平复经济周期的影响也很重要。经济周期时适量的"货币补偿"是可以理解的，但最重要的是通过政府的"财政补偿"间接完善"货币补偿"才是更重要的，因此"运行货币总量管理"并不仅仅是央行的事情，而是央行与财政部协同才可以完成的任务，这也是与以前的学者研究不同的地方。

在央行货币管理方式转变的同时，社会舆论也应该抛弃传统静态货币数量论的思想束缚，用"动态货币数量论"的视角思考货币问题，将目光从紧盯"发行货币"变为紧盯"运行货币"，量化宽松会引发通胀的疑虑自然就会消失。弗里德曼的"单一规则"所主张的维持"发行货币"稳定增长的建议曾经在美联储的实践中被证明是错误的，在本书中，我们又从理论上证明了其错误，因为发行货币的稳定增长并不意味着运行货币也是稳定增长的，经济波动取决于运行货币，而非发行货币。"运行货币总量管理"规则的提出，可以很好地让大家摆脱传统"静态货币数量论"的思想束缚。运行货币总量管理，其实还涉及"运行货币总量"的测量问题，现有经济学中研究货币总量主要是"凯恩斯货币需求函数"和弗里德曼"货币需求函数"，这两个货币函数又是与庇古的剑桥货币方程、霍特里的货币需求动机理论一脉相承，当然，这样的函数只能是理论参考，因此现实中是无法使用的，但是其实这两个函数在理论上也存在比较大的瑕疵，因为货币需求量最大的是政府和企业，而不是民众，剑桥方程、货币需求函数都是以民众的货币需求为依托进行研究的，因此具备根本性的错误。

"动态货币数量论"的货币总量是运行货币的总量，测量主张以观察和满足政府与企业的货币需求为主，可以以当年的社会融资总规模为参考考察其变动情况，政府与企业的货币需求又可以分为信贷融资需求、股权融资需求和公开发行债券融资需求三种，因此"运行货币管理"应该是对这三种融资需求的监测与管理。信贷融资需求既包括银行渠道的，也包含非银行融资机构的，也就是影子银行机构；股权融资需求仅仅是指一级市场的股权融资，公开发行债券融资需求是指利于公开市场的债券融资，这些市场一般是有公开数据的，因此比较容易监测。

七、动态货币数量论下的储蓄观

凯恩斯经济学是非常强调储蓄的，现实中，经济学家也经常用储蓄率的高低来解释一些国家的经济发展，经济增长理论中的哈罗德－多玛模型的根基也是强调储蓄率和投资率，但其实从信用创造和动态货币数量论来看，货币可以自动增长，人们强调储蓄率就是没有必要的，因为储蓄存款很多是贷款派生出来的，我们鼓励贷款的时候就自动创造了存款，因此强调储蓄率是不必要的做法。

同样政府投资对民间投资也不会有挤出效应，因为货币的运行规律是货币越用越多，政府投资的贷款也可以为民间融资创造出存款，因此政府投资对民间投资不仅没有挤出效应，还有促进效应，政府贷款可以为民间企业贷款创造信贷资金。

凯恩斯经济学中虽然有储蓄等于投资的概念，但扩大投资并非一定要扩大居民储蓄，宏观经济运行中的储蓄更多的是企业储蓄，目前只要降低存款准备金就不愁储蓄，因此鼓励民众储蓄从经济学上看意义不大。

储蓄的多少与"货币流通效率"有关，"货币流通效率"越高，储蓄就越多，"货币流通效率"越低储蓄就越少。因此我们要促进经济增长是要提升投资，提高货币流通效率，而不是提升储蓄。投资提高了，货币运行效率提高了，储蓄自然就提高了，这才是真正的储蓄与投资的运行规律，而哈罗德－多玛模型则是犯了本末倒置，倒果为因的错误。

八、动态货币数量论与凯恩斯学派、弗里德曼货币理论的区别

弗里德曼曾经非常渴望建立动态货币理论，他曾经指出，当前货币理论的最薄弱、最不令人满意的部分就在于货币动态分析领域之中，在这个领域之中我们从来没有形成过一种可以被恰当地称为货币动态分析理论的理论。弗里德曼还指出，现在的静态货币理论旨在解释绝对价格、总产量及其他衡量经济总体特征的变量的结构性水平或长期水平，在它从大卫·休谟到剑桥学派，又从费雪到凯恩斯的所有重要变形中，他始终以货币数量论作为自己的核心。

然而笔者要指出的是，如果始终是以外生货币为研究对象，那么动态货币理论就永远都不可能建立起来。弗里德曼的货币研究方法是继承的凯恩斯，凯恩斯又继承的剑桥学派，但客观地说，当时的剑桥学派并非货币

理论研究的高地，相反，在桑顿、麦克劳德、马克思那里反而有着最先进的货币理论，然而由于凯恩斯本人的巨大影响力，这些人的货币信用创造的理论长时间被埋没，直到后凯恩斯学派提出内生货币理论，这些理论才被注意到。

凯恩斯和弗里德曼在货币数量方面的研究都体现在他们的货币需求函数上，他们在研究方法上是相同的，凯恩斯与弗里德曼货币需求函数的共同特征都是以"现金余额"为研究对象，其母版均为剑桥大学的现金余额方程，研究对象也都是外生货币，他们对曾经非常流行的货币信用创造理论都是陌生的，他们的著作中也几乎没有引用过这些人的观点，很可能他们从没有看到过那些人的著作。

凯恩斯与弗里德曼的区别在于，弗里德曼无视货币流通速度的变化，从而重新回归了古老的货币数量论，而凯恩斯非常强调货币流通速度的变化。凯恩斯虽然用的是现金余额的研究方法，但他意识到了货币流通速度的变化，而且提出了"流动性陷阱"的伟大洞见。凯恩斯关于货币流动速度受到利率影响的观点是非常重要的，但是可惜的是没有被后来的人重视。托宾研究资产组合更多是着眼于理财，而非宏观经济分析。弗里德曼虽然自欺欺人地忽视了货币流动速度的问题，但他比凯恩斯先进的是他意识到了"货币总量管理"的问题，提出了以M2为货币总量的管理对象，但弗里德曼货币总量管理是有缺陷的，因为他不具备"货币周期"的概念，而这是笔者的动态货币数量论强调的，弗里德曼的货币总量管理体现为他提出的"单一规则"，即核心按固定比例逐年增加货币，而不是根据货币运动周期对货币总量进行管理。经济萧条时，运行货币总量比较少，需要央行增加货币投放；经济繁荣时，需要央行降低货币投放，这才是按货币周期进行的货币总量管理。

弗里德曼的单一规则在实践中失败后，新凯恩斯学派的泰勒干脆放弃了货币总量研究，走向了利率控制，提出了泰勒规则，成为美联储的官方规则。泰勒规则虽然取得了货币利率控制的优势，但是也丧失了货币总量管理的优势。这也成了2008年经济危机的原因之一。

九、动态货币数量论的创新之处

本文提出"发行货币""运行货币""货币周期""有效货币供给"等概念就可以解释很多货币理论中面临的问题。在此之前，货币学中也有M0、M1、M2、M3等概念，但这些都是基于货币分层的"统计概念"，而不是基于货币学的"理论概念"，如果我们让货币学从理论上进行提升，就必须创造出新的理论概念才行。

货币运行理论其实从早期的信用创造理论到中间的费雪方程、债务通缩理论，再到后凯恩斯主义的内生货币理论，其实发展路径是非常清晰的，而货币面纱论、货币数量论都是极早期人类对货币的一种朴素认识，本来就早该被抛弃，但为何中间又出现货币数量论的复古与回潮？其实就是理论统一的问题，而本人做的就是这种统一的工作。如果这种理论统一的工作没有人去做，货币研究仍然会一直在两种研究方法中摇摆，甚至出现货币数量论回潮的可能。动态货币数量论并不是完全反对传统的货币数量论，而是对其进行了升级，新的动态货币数量论也可以兼容原有的货币数量论。

第四篇

供给侧货币学与"最优央行货币利率"理论

——基于"中央银行-金融机构-实体经济"三元货币市场结构的分析

一旦经济危机爆发，放松货币、降息成为各国拯救经济的不二法门，但这样的措施真的效果好吗？本篇对这一措施进行了质疑，并对瑞典学派的累积过程理论进行了批判，并且指出人类现在采用的货币理论都是基于需求侧的片面分析，缺乏供给侧的研究，现有理论指导下的货币政策并不能帮助经济走出危机。本篇发展了供给侧的货币分析，提出了"货币政策与金融机构激励相容理论"，提出了"有效货币供给"的概念，提出了"中央银行—金融机构—实体经济"三元货币市场结构模型，提出了"干预性市场"的"合意均衡供需"问题，最终形成了"最优中央银行货币利率"理论和"恒定利率"的主张。本篇主张中央银行应该将利率恒定在一个"最优利率水平"之上，才可以确保社会有效货币供给的最大化，才可以最大限度地促进经济发展。

一、人类对货币问题的主流研究

目前，人类对货币问题的研究已经诞生出货币面纱论、货币数量论、信用创造论、货币均衡论、货币需求论、现代货币数量论、内生货币论、现代货币理论等多个流派，这些纷繁复杂的货币研究又可以分为两大类，一类是对货币利率的研究，主要是瑞典学派的货币均衡论，其余大部分都是对货币数量的研究，比如货币面纱论、货币数量论、货币需求论、现代货币数量论、内生货币论等。

人类对货币利率的研究虽然只有瑞典学派一家，但是却深深地影响了凯恩斯学派和奥地利学派，是经济学家凯恩斯、米塞斯、哈耶克等学者的重要思想来源，其实凯恩斯在写《就业、利息和货币通论》之前的货币思想主要是以瑞典学派为母版，米塞斯也将瑞典学派的货币均衡论与庞巴维克的迂回生产理论结合在一起创立了奥地利学派的经济周期理论，而哈耶克又在米塞斯的基础上借鉴了马克思等学者的信用创造思想，进一步完善了奥地利学派的经济周期思想。

目前，在经济学教材中作为主流进行讲解的是货币需求论。货币需求论起源于剑桥方程和霍特里的货币需求三种动机理论，凯恩斯据此最早提出了货币需求函数，弗里德曼也仿照凯恩斯提出了自己的货币需求函数，成为当代货币理论研究的一个主流范式。

货币信用创造论起源较早，桑顿、麦克劳德、阿伯特·韩、熊彼特、马克思都是信用创造论的代表，哈耶克在写作《价格与生产》时也借鉴了信用创造论的思想，但是总体来说，信用创造论专业性比较强，很难理解，在学院派经济学家中并不流行。费雪本质也是货币信用创造论的继承者。费雪的"债务通缩理论"的基础其实是信用创造论，但与早期信用创造论者将研究重点放在"信用扩张"对经济危机成因的影响上不同，费雪将其研究重点放在了经济危机爆发之后"信用收缩"对危机深化的影响，并提出了"债务－通缩"理论。虽然"费雪方程"进入了主流经济学教材，但是费雪的"债务－通缩"理论一直活在凯恩斯、弗里德曼等人的阴影之下，没能引起主流经济学界的足够重视。20世纪70年代后，凯恩斯学派的卡尔多、温特劳布等学者又提出了"内生货币"理论，也是货币信用创造论的延续。进入21世纪以后，后凯恩斯学派的兰德尔·雷又发展出了现代货币理论，但在主流经济学界，因为弗里德曼本人的强大影响力，他提出的现代货币数量论几乎一直占据了货币理论研究的核心位置。

二、瑞典学派货币利率理论的缺陷

关于货币利率理论，影响最大的当属瑞典学派的累积过程理论，累积过程理论将利率分为市场利率和自然利率，他们认为当市场利率低于自然利率时，经济向上累积形成经济繁荣；当市场利率高于自然利率时，市场向下累积，形成经济收缩；当市场利率等于自然利率时经济是均衡的。瑞典学派的累积过程理论其实非常接近常识，也不难理解，瑞典学派的伟大之处就在于他将常识模型化了。凯恩斯学派、奥地利学派直接以瑞典学派为源头，弗里德曼在美国接受教育，在思想传承上虽然没有受到瑞典学派的直接影响，但是弗里德曼却通过《美国货币史》一书从实证上证明了瑞典学派理论的正确，他提出的在经济危机时期放松货币的主张也是与瑞典学派相通的。

然而不幸的是，常识往往都是错误的。真正的经济学家的任务绝不是让政府去迎合常识，而是让政府不要被常识造成的思想局限所绑架。那么瑞典学派的理论错在哪里呢？他们有什么缺陷呢？在笔者看来，瑞典学派最核心的缺陷在于他们仍然是基于企业需求一侧的货币利率研究，而对于货币供给一侧则没有重点研究。当市场利率降到一定程度的时候，企业家的贷款意愿确实会增加，但是金融机构呢？这时金融机构的贷款意愿就会陡然下降。当增长的企业家贷款意愿遭遇到下降的金融机构贷款意愿的时候，信贷总量未必是上升的，也可能是下降的。但是因为瑞典学派的理论太接近常识了，所以在长达一百多年的时间里没有人去质疑瑞典学派理论的正确性。

笔者提出"最优中央银行利率理论"就是要替代瑞典学派累积过程理论对货币利率政策的统治。"最优央行货币利率"是在综合考虑货币的供给与需求两侧的因素后，特别是在创新性地研究了供给一侧的因素之后提出的。在"最优中央银行利率理论"中，笔者将货币供给方——金融机构看作有人性的，而不是机械的、无个性的，金融机构不会完全按照央行的意志去充当央行与企业之间的货币流通渠道。

在具体分析中，本人将机制设计理论中的"激励相容"概念引入了货币供给理论研究，并且提出了货币政策与金融机构激励相容的理论。本篇提出的"最优中央银行利率理论"不是像瑞典学派那样去寻找一个所谓均衡利率，而是要找出一个最能促进经济发展的利率，在这个利率上实现的是货币的最大供需，而不是实现供需相等那么简单。

三、"利率法定"下货币市场的价格形成机制

在微观经济学中，产品供需双方讨价还价最终形成一个均衡价格，同时价格也会反向调节产品的供给与需求，在商品市场中价格是动态的，供需也是动态的，市场经济永远处于无限趋于均衡的过程当中，但这样的情况在货币市场中却不是主流。

现实中，由中央银行制定货币市场基准利率已经成为各国共识，特别是泰勒规则被稳定下来以后，这一局面短期内不会改变，我们不能再用中央银行出现以前的眼光去研究现在的货币市场。货币市场不是一个自由市场，而是一个典型的"干预性市场"，政府会直接干预货币的价格，为了保持经济的稳定，政府会授权中央银行去这么做，当然人类一开始也没有中央银行，中央银行刚开始也没有那么多的经济调控职能，这都是人类在一次次的经验教训中摸索出来的演化秩序。中央银行遵从国家维持经济稳定的目标去控制货币市场，这已经是各国中央银行的法定职责。

然而在商品市场上，我们很难想象有人去制定一个基准价格，再用这个价格去影响市场供需，但在货币市场这却是一个现实存在。当然有了中央银行的总体调控，也并不是说价格机制就完全没了作用，价格机制只是在宏观上不再起到主导作用，在微观上还是会发挥作用。为了更好地说明货币市场的价格形成过程，笔者在此要提出两个概念，分别是"货币的批发价格"和"货币的零售价格"。"货币的批发价格"就是中央银行制定的基准利率，"货币的零售价格"就是金融机构面向贷款人的市场利率。在货

币市场，货币价格主要表现为"批发价格决定零售价格"，也就是说，对金融机构货币价格影响最大的是央行的"货币批发价格"，而受现实中货币供需的影响很小，现实中货币供需在货币市场价格的形成中居于次要地位。

四、"干预性市场"的运行规律

在这里，我们还要提出一个与"均衡价格"相对应的概念，就是"均衡供需"。"均衡供需"就是在价格给定的情况下，市场达到均衡后形成的供需状况。如果价格是人们根据自己的利益人为给定的，那么这时形成的均衡供需，我们称之为"合意均衡供需"。在自由市场人们追求的是"均衡价格"，而在"干预性市场"，人们最终追求的则是"合意均衡供需"。"均衡供需"与"合意均衡供需"都是笔者提出的新概念，但却反映了"干预性市场"的真实特征，也是我们研究干预性市场时必须明确的概念。

"干预性市场"的出现也主要是由于自由市场的失败，现代人类社会已经不存在纯粹意义上的自由市场，几乎所有市场都是干预性市场，只是被干预程度的深浅不同而已，而这种干预从来就不是从现在才开始的，可能从"国家铸造货币"的那一刻就已经开始了。有了中央银行后，国家对自由市场的干预就更深了。以前的经济学只研究"自由市场"，从来不研究"干预性市场"，但是现实中"干预性市场"却是广泛存在的。干预性市场的运行规律又是完全不同于自由市场的，因此研究干预性市场的运行规律非常必要，而且比研究自由市场的运行规律更加重要。

人类不断将自由市场变为"干预性市场"还主要是因为自由市场无法形成我们所需要的"合意均衡供需"，这才需要人类通过价格或其他干预手段去形成，干预性市场也就顺理成章地形成了，可以说，干预性市场也是人类自发形成的一种演化秩序。现实中，由世界各国的中央银行控制的货币市场是最典型的，也是影响最大的干预性市场，因此干预性市场不是新生事物，也不是个别现象，而是一直存在的一种主流现象，他至少已经在人类存在了一百多年。

在货币市场，中央银行通过利率调整制定货币基准价格，最终形成一个"合意均衡供需"，从而实现货币调控的目标。从实践看，这种做法是务实有效的，可以避免自由市场的弊端，也是人类通过创造干预性市场改善社会秩序，实现社会和谐的一个有效尝试。

五、有效货币供给、货币供给弹性以及货币政策与金融机构激励相容

货币市场供给侧研究的复杂性要远远高于商品市场，这是因为货币市场与商品市场存在一个重要区别，就是商品市场的产品供给数量是相对固定的，但货币市场的货币供给数量却是弹性的。货币不完全是中央银行生产，中央银行只供给"发行货币"，但这些"发行货币"最终会派生出多少"运行货币"却是不固定的。发行货币的多少对货币市场的影响较小，"运行货币"才是关键因素。"货币运行效率"越高，最终市场上的"运行货币"就越多。这里的"货币运行效率"在马克思经济学中也被称为货币周转速度，与宏观经济学中的货币乘数不同，货币乘数主要指的是银行渠道的货币放大，而"货币运行效率"则是针对整个金融市场而言的。中央银行的发行货币只是一种理论上的货币供给，市场上真正在运行的货币才是"有效货币供给"，有效货币供给的总量是弹性的。

中央银行的"货币供给"（发行货币）最终转化为多少"有效货币供给"（运行货币），首先要看金融机构可以发挥多大作用，在这里，笔者将"激励相容"的概念引入到中央银行的货币政策制定中。"激励相容"的概念本来属于机制设计理论，从某种程度上说，中央银行货币政策的制定也是一种机制设计。本篇引入"机制设计"的概念，并非将机制设计学派的理论

应用到货币政策制定，而是借用他们的概念来讲述我们的理论。

对于从事投融资业务的金融机构来说，高利率对他们是一种激励，信贷类金融机构都是高利率偏好的，因为他们的收益主要来源于"利差"。金融市场同样也是"物以稀为贵"，货币越稀缺，金融机构的生意越好，相反，如果市场上资金泛滥，货币价格必然走低，金融机构的"利差"必然缩小，这就会无形地降低金融机构的利润。在这样的货币政策环境下，金融机构是无利可图的。这是因为，首先，金融机构并没有自己的资金，他们的资金都来自社会募集，低利率环境不利于金融机构募集资金。在低利率环境下，存款和投资理财对民众都没有吸引力，民众宁愿将自己的资金用于消费，也不储蓄和投资，因此低利率的货币环境下，金融机构会出现资金募集的困境。

其次，金融机构从事投融资业务是有风险的，这种风险需要一定的利润去对冲，低利率必然导致金融机构低利润，也不利于金融机构去对冲金融风险。因此低利率环境下，金融机构是较为困难的。金融机构是货币与实体经济之间的中间商，想甩开中间商做生意，生意是做不成的。因此，高利率才可以对金融机构形成利率激励，高利率环境才会造就金融业的发达，而低利率却是与金融机构激励不相容的，会造成信贷类金融机构的业务萎缩。

在货币学的历史上，从瑞典学派到货币学派，他们最关键的错误就是其主张的货币政策与金融机构的激励不相容，最终会导致其货币政策的失败，这种失败我们也称之为"货币政策失灵"。拯救经济危机时，我们需要先拯救金融机构，金融机构被拯救了才可以将资金传送到实体经济，甩开中间商做生意并不符合市场经济的分工效率原则。20世纪大萧条时，罗斯福上任后，其新政的第一件事也是拯救金融机构，而"量化宽松"的货币政策先摧毁的就是金融机构。

其实这一现象也可以用萨缪尔森的"合成谬误"理论来解释。当一个企业获得较低的贷款利率时，对这个企业是好的，但是如果整个市场都是低利率，那就没有机构愿意做贷款业务，最终所有企业都融不到资金，这也是一种合成谬误。总之，我们不能将在微观经济领域有效的理论盲目套用到宏观经济领域。

货币政策要想发挥效应，不仅需要来自需求方的"拉力"，更需要来自供给方的"推力"。利率越高，信贷类金融机构的激励越高，他们就会主动寻求企业来融资，这时各个企业或个人都会收到大量金融机构的贷款推销电话，很多贷款需求也会被开发出来，各种贷款产品、融资模式都会被设计出来。当利率过低时，中央银行发出的货币很难形成信贷，也只能留在金融机构。

因此货币市场的供给方包括中央银行，也包括从事信用创造的金融机构，当然也受到政府与企业的贷款行为影响。货币市场的供给方非常复杂，供给弹性也非常大，这是商品市场完全不可同日而语的。

六、"中央银行－金融机构－实体经济"的三元货币市场结构模型

本篇中，我们将"金融机构"纳入了货币理论模型。其实在我之前，也有诸如明斯基等学者注意到了货币理论模型缺乏金融机构的缺陷，但他们并没有构建出相应的模型，而是转向了对金融机构的研究，比如明斯基的核心成果——"金融不稳定学说"，更多的是研究金融机构，构建的是企业与金融机构之间的二元金融模型，研究的是企业"投机性贷款"和"庞氏贷款"对金融危机成因的影响，而我构建的是中央银行、信贷类金融机构、实体企业之间的货币模型，这也是我与明斯基理论的区别之处。

其他传统货币理论更是默认"中央银行－实体经济"市场二元结构，以瑞典学派为例，他们的经济理论认为当"市场利率"低于"自然利率"时，企业就会趁着低融资成本扩张，但是我们需要追问的是中央银行的钱可以

直接放贷给企业吗？发行货币就一定会转化为运行货币吗？其实稍微懂得货币运行原理的人就会知道，发行货币与运行货币是两码事，发行货币必须转化为运行货币才能真正地为实体经济服务。发行货币向运行货币转化的过程是金融机构在起作用。

传统货币理论没有过多研究"发行货币"向"运行货币"的转化过程，而是简单地认为中央银行只要把货币发出来了就可以直接进入实体经济，其实金融机构不会盲目充当货币流通的管道。在市场经济条件下，中央银行与金融机构并没有隶属关系，也没有股权关系，金融机构在做业务时会有自己的利益考虑。如果中央银行的货币政策符合金融机构的利益他们就与中央银行相向而行，如果中央银行的货币政策不符合金融机构的利益他们就与中央银行背道而驰。发行货币最终会转化为多少运行货币是金融机构说了算。在制定货币政策时，如果忽略了金融机构的利益，货币政策效果可能就会适得其反。

量化宽松是比较流行的货币政策，但其效果也并不理想，关键就在于其导致的低利率是与金融机构激励不相容的，金融机构无利可图，金融机构积极性降低，这会导致货币运行效率降低，最终金融市场的运行货币数量并不会增加多少。在这种情况下，中央银行增发的货币更多地进入了股票、期货、金融衍生品等投机性金融市场，当然也有大量的货币通过国际资本市场流入利率更高的国家，因为在开放条件下，国际资本流动是不可避免的，而货币流入国为了抑制他国货币外溢导致的通胀或资本市场泡沫，往往会采取紧缩货币提高利率的措施，这反而又进一步增大了量化宽松国和非量化宽松国之间的货币利差，继而会导致量化宽松国更大程度的货币外流。

因此，当我们建立起"中央中央银行－金融机构－实体经济"的三元结构模型时，很多经济问题会看得更清楚，比如量化宽松并不会导致信贷类金融的繁荣，反而导致其萎缩，也让我们更容易看清"量化宽松"货币政策失败的必然性。

不仅明斯基发现了货币理论中缺乏金融机构的问题，中国社科院学者张晓晶2020年也发表文章指出"如何把金融找回来""构筑宏观经济学的金融支柱"是形成宏观经济学新范式的主要使命，而笔者提出的"货币政策与金融机构激励相容理论"以及"中央银行－金融机构－实体经济"三元货币市场结构模型就是将金融机构引入货币理论的一种比较好的方式。

七、对凯恩斯学派、奥地利学派货币理论的评价

凯恩斯是一位非常聪明的经济学家，他发现了货币政策的失灵，凯恩斯对货币需求三动机之一的"投机动机"的研究中包含着伟大智慧，后人将之称为"流动性陷阱"理论。但凯恩斯的流动性陷阱理论只从民众一侧考虑问题，只考虑了民众投资理财行为对金融市场的影响，却没有从金融机构一侧考虑问题，他也没有提出"货币政策与金融机构激励相容"理论。低利率对金融的影响是从民众和金融机构两个方面产生影响的，在低利率环境下，民众没有动力去投资理财，金融机构也没有动力放贷，凯恩斯只看到了其中之一。

凯恩斯的货币思想最早是继承的瑞典学派，当凯恩斯发现了流动性陷阱现象之后，就放弃了对瑞典学派的痴迷，转而走向了自己的理论原创道路。他另辟蹊径地创造了以"总需求不足"为核心的凯恩斯经济学，这是凯恩斯的聪明之处。笔者提出的货币政策与金融机构相容理论其实是对凯恩斯流动性陷阱理论的一种补充与飞跃，只要走上我们这条研究路线的学者，都会认为货币政策效果不佳，当然后来弗里德曼证明货币政策有效，也只是通过统计实证上证明，他并没有提出新的理论论证，目前从理论上证明货币政策有效的仍只有瑞典学派。

如果将凯恩斯的"流动性陷阱"理论和笔者提出的"货币政策与金融

机构激励相容"理论、瑞典学派的"累积过程"理论放到一起比较，就会非常容易地发现累积过程理论的片面性，这也许就是萨缪尔森等后来的学者在编写教材时几乎不提累积过程理论的原因吧。但是，经济学界通常又认为新古典综合派是赞成相机抉择货币政策的，这说明他们对凯恩斯的经济思想理解得其实还是不够深刻，而后来的托宾将凯恩斯对货币投机需求的分析改造为理财理论，更是画蛇添足式的研究。

奥地利学派反对低利率货币政策也不是从货币政策与金融机构激励相容的角度出发，而是从"迂回生产"的角度进行反对。他们认为低利率会刺激企业继续负债，让更多的资金进入迂回生产领域，从而埋下下一次经济危机的祸根，本质上也是货币政策有效论的支持者，是瑞典学派的热烈支持者。

但根据凯恩斯与笔者分析，经济危机时期增加货币连繁荣都很难达到，更不用说会造成过度投资了。也有学者认为奥地利学派的经济危机理论不应该称为过度投资理论，而应该称为不当投资理论。其实，投资应当不应当，企业家自有判断。经济危机时，即使有企业增加投资，也绝对不会是对生产过剩行业进行投资，而是对"萧条经济学"涉及的行业或是新兴行业进行投资，而这些投资反而是应该被鼓励的。

奥地利学派的杞人忧天并非大智慧的象征，而是对产业分析不足的表现。奥地利学派没有区分传统企业和新兴产业，经济危机时仍然贷款的不一定是传统产业，而可能是新兴产业，是应该扶持的对象。更何况，金融危机时企业总体贷款意愿并没有那么强，如果只是放松货币就很容易地促进投资，甚至出现像奥地利学派担心的会过度繁荣，那治理经济危机就早不是人类面临的难题了，人类也就没有必要再进行一百多年的经济危机研究了。奥地利学派担心的完全是多余的，其言论也有危言耸听之嫌。

八、利率激励与货币运行效率

目前经济学界对货币流动速度的探讨很少，经济学教材中的货币流通速度公式主要来源于费雪方程，货币流通速度被简单定义为GDP与基础货币数量之比，这样的解释不存在分析意义，也看不出货币流通速度是由哪些因素决定的，因此人们目前对货币流通速度的研究是不充分的。笔者认为真正的货币流通速度公式应该是：

货币流通速度＝社会运行货币总规模/基础货币数量

但社会运行货币总规模很难统计，现实中可以用社会融资总规模替代，而社会融资规模是可以统计的。

单从供给侧来看，利率是决定货币流动速度的关键因素。货币流通速度是利率的正函数。凯恩斯及其继任者虽然没有明确表达，但似乎也是倾向于支持高利率有利于提高货币流动速度的观点。其实高利率可以提高货币流通速度，主要基于两点：首先，利率越高，民众储蓄与投资理财的热情越高；其次，利率越高金融机构的激励越大，前者可以为金融机构提供充足的资金，后者可以保证金融机构有足够的积极性将资金输送到实体经济。金融市场绝大部分时候是供给决定需求，而不是需求决定供给。

金融机构的供给侧激励问题在以前一些时期表现得不明显，如在凯恩斯的金融模型中，只有银行和债券两类金融机构，而现代金融市场为企业做融资业务的除了银行和债券机构，还有股权、信托、保理、融资租赁、小贷、基金、互联网金融等非常多的机构，这些机构都是利率驱动的。

从供给侧来分析，货币有效供给总规模的高低是由利率决定的，与利率成正比，货币的供给曲线也是向上倾斜的，货币供给依赖的不是商品市场里那样的"生产"，而是货币市场独有的"货币派生"。利率越高，人们就有越多的资金愿意交给金融机构放贷，金融机构就会创新出各种金融工具帮助企业融资，原来很多不符合条件的企业融资也可以通过金融创新完成，货币就会以更高的速度运转，我们将之称为利率对金融机构的"利率激励效应"。我们认为利率是市场经济有效运行的一个根本性的内驱力，经济运行最终还是要靠"内驱力"，政府必须制定科学的政策将市场经济的内驱力激发出来，经济才能更好地发展，而抓住利率问题，也就抓住了激发市场经济内驱力的根本。

九、最优中央银行货币利率——一个黄金利率的水平

本篇提出供给侧货币理论，主要是为了打破长期以来人们的固有观念——"利率越低越好，利率越低越有利于经济增长"，以上观点是完全基于需求一侧的片面分析，但金融市场既不是完全由供给侧决定，也不是完全由需求侧决定，利率不是越高越好，也不是越低越好，我虽然侧重货币市场的供给侧分析，但我们绝不是一味地强调供给侧，而是也要兼顾需求侧。在需求侧，货币需求与利率则成反比，企业都是低利率偏好的，利率越低，企业的货币需求越大。综合供给与需求两侧，我们就会发现，在货币市场，每一个利率点，都会对应一个货币的"均衡供需"，但所有利率点中，却只有一个利率点对应的货币供需总规模是最大的，这个利率点就是最优央行货币利率，我们也称之为黄金利率点，或是利率的黄金水平。在这个利率上，既可以调动金融机构从事金融供给的积极性，又可以保障企业融资成本不至于过高，企业可以如期还款。在这个黄金利率点上"有效货币供给"最大，运行货币总量最大，社会融资总规模最大。这个点可以最好地把市场经济的内驱力激发出来，是金融最能促进经济发展的利率点。因此我们主张实行相对"恒定利率"，将利率恒定在最优利率周围，而非频

繁地进行货币调控，因为只要偏离了这个最优货币利率点，有效货币供给规模都会更小，经济发展可能更差。

当然这个黄金利率点在不同国家，不同时期都会有所不同，需要在实践中摸索才可以得出经验值。当这个经验值找到之后，利率就在这个经验值附近小幅调整。

最优中央银行货币利率理论提出后，中央银行的货币干预将是利率引导，通过央行利率将市场利率引导到最优利率上，而不是利率调控。

十、供给侧货币学的提出

人类在早期货币研究中是比较注重供给侧研究的，比如早期非常流行的货币"信用创造"理论就是典型的供给侧货币研究，人类货币研究转向需求侧研究不仅是受到了瑞典学派的影响，还有剑桥学派的影响。自剑桥学派提出基于货币余额研究的"剑桥方程"后，凯恩斯和弗里德曼两大经济学家都是沿着"剑桥方程"进行货币需求函数的研究，后来经济学家虽然有对货币乘数的研究，那只是统计性研究，而非理论创新。

在利率研究方面，传统货币利率理论更是基于需求一侧的分析，笔者提出的供给侧货币利率理论则打破了瑞典学派累积过程理论对利率研究中长达百年的思想束缚，结束了需求分析在货币利率理论中的单边统治，完成了供给侧的货币利率理论的建构。在供给侧货币分析中，笔者又不同于传统的信用创造、货币内生的简单分析，而是从金融市场"中央银行-金融机构-实体经济"三元市场结构和"货币政策与金融机构激励相容"两个角度更加丰富地研究了信用创造与货币内生研究，提出了"最优央行货币利率理论"，再加上笔者之前提出的"动态货币数量论"，构成了完善的供给侧货币学理论。"最优央行货币理论"如果被实践，世界各国中央银行也将由政府干预市场的机构变成一个仅仅负责货币发行、简单利率引导的专业部门。另外，本篇还提出"干预性市场"的概念与理论，指出"干预性市场"与"自由市场"拥有完全不同的运行规律，需要不同的理论去指导。自由市场实现的是均衡价格，而干预性市场最终追求的是一种"合意均衡供需"，这一理论创新，也可以更好地优化人类对市场的认知。

第五篇

货币流动理论

——论"利率指挥棒效应"与"货币分配不均等效应"
　对产业组织以及国家兴衰的影响

现代经济学注重货币政策对宏观经济的影响，而很少深究货币政策对微观经济的影响，但经过本篇的研究发现，货币政策可以通过影响货币的流向，对一个国家的产业结构产生重大影响，甚至会影响到一个国家的兴衰，因此从微观领域研究货币政策的影响非常必要。本篇将利率对资金流动的影响称为利率指挥棒效应，从七个方面指出了不同利率对不同产业类型的不同影响，不仅完善了微观金融理论，也革新了产业组织理论。

一、人类在货币流动领域的研究现状以及产生问题的原因

货币流动理论主要研究货币数量增加和货币利率变动所引起的货币流动对经济的影响，目前并没有形成比较完善的理论。关于货币数量变化对货币流动的影响人类研究得比较早，在经济学形成初期，法国经济学家坎蒂隆就提出了被后人称为坎蒂隆效应的理论。坎蒂隆效应主要指货币增加后不同行业受到的不同影响，有的行业产品价格升高比较快，有的行业产品价格升高比较慢，有人是通货膨胀的受益者，有人被通货膨胀掠夺。研究货币利率变化产生的货币流动对经济影响关系的先驱则是瑞典学派，其创始人维克塞尔曾在1898年的《利息与价格》一书中提出"累积过程理论"。他们将利率划分为自然利率和市场利率，当自然利率高于市场利率时，货币进入生产领域，经济处于扩张状态；自然利率低于市场利率时，货币流出生产领域，经济处于收缩状态，这也是经济周期的根源。瑞典学派的研究更多是着眼于宏观层面，而没有深入微观层面进行研究。此后，奥地利学派的庞巴维克是第一个对货币流动进行微观研究的学者。他将货币对

生产的影响进行了更细化的研究，将生产分为直接生产和迂回生产，认为低利率有利于迂回生产，高利率有利于直接生产。凯恩斯的货币需求理论则较早地阐述了货币利率对投资领域的影响，这主要体现在他的货币投机性需求的理论中，但凯恩斯的核心研究目标是货币需求，而非货币流动，后来托宾发展了凯恩斯的货币投机性需求理论，对不同资产进行了一些分类，但是托宾完全转向了投资者视角，研究的是投资者的风险与收益问题，又严重偏离了凯恩斯的研究方向，对货币流动理论也贡献不大。以上基本上是现有经济学中人类对货币流动问题的研究成果，因此是不完善的。

二、经济学界长期忽略货币流动研究的三大原因

以前经济学界很少有人观察到货币流动对微观经济的影响，几乎没有人全面探讨这方面的问题，主要是因为：

首先，这种影响只有在极端利率环境才能表现得比较明显，才会被人们观察出来。所谓极端利率政策指的是像零利率、超级量化宽松这样的极端货币政策。但人类实行极端利率政策的时期非常少，所以不容易观察到。极端货币政策可能几十年才会出现一次，回顾历史，目前人类也只有屈指可数的几次。第一次是里根时期的极高利率货币政策，时任美联储主席沃克尔为抑制"滞涨"实行的超高利率政策；第二次是日本为了拯救经济开始实行量化宽松和零利率货币政策；第三次是2008年经济危机以来美国、欧洲实行的量化宽松货币政策；第四次是发展中国家为了抑制美国货币外溢导致的通胀而实行的超级紧缩货币政策。在这四次极端货币政策中，两次是极紧货币政策，两次是极松货币政策。本篇也正是通过对世界上这四次极端货币政策的对比研究才发现了上述规律。

其次，在"泰勒规则"出现之前，人类对货币的调控并没有形成规律，

直到进入20世纪80年代以来，央行周期性调节货币政策才成为惯例，这才为人类总结与观察利率变化对经济的影响提供现实基础。利率对经济的影响并非一个自然形成的现象，而是一个伴随着政府经济政策出现的经济现象。

再次，除了极端货币政策不常见之外，人类也面临融资方式的变革。在20世纪80年代之前，企业融资主要是以银行债权融资为主，而现在流行的股权融资，乃至影子银行融资都出现得比较晚，但成长很快，而且这两种新的融资方式对利率的承受力是完全不同的。金融渠道自身的新变革彻底影响了货币的流动，货币流动比以前更加复杂了。

这也与不同国家的产业组织类型不同有关，之前的经济学主要以西方国家为研究对象，他们的产业组织主要是私营企业，而国有经济是我国国民经济的主导力量，这也为我们观察货币流动对产业组织的影响提供了很好的研究对象。

本篇提出的货币流动理论其实就处于货币经济学、公司金融学、产业组织理论的交叉地带，是三个学科的连接点。货币学家缺乏金融实操经验，不熟悉企业投融资，因此他们研究金融往往研究不了这么微观；公司金融学家往往不研究货币学，也不关注货币政策，只研究投融资，甚至是股票市场，不具备宏观研究视角；产业组织理论专家更不关注货币金融，更不可能从货币金融的视角研究产业组织，因此货币流动理论成了各个学科都不关注的地带，但这个领域的研究却异常重要，因为它关系货币政策的成败，也对产业组织、公司金融有重大影响。

三、货币流动理论的研究必要性

其实，货币政策对微观经济的影响非常大，当我们将研究视角从宏观金融转向微观金融时，就会得到很多新奇而重大的发现，而且可以从微观上打通金融和经济两个领域。因为一个国家的经济结构是由资金流向决定的，而一个国家的货币政策，特别是利率政策则是决定这个国家资金流向的首要因素。利率政策可以通过影响一个国家的资金走向改变一个国家的经济结构。

现实中的货币政策有时宽松，有时紧缩，货币利率政策就像音乐家的指挥棒，也像将帅的战旗一样，指挥着市场上千军万马的资金流向。资金流到之处市场一片繁荣，资金流出之处一片萧条，笔者称之为"利率的指挥棒效应"。国家进行货币政策调整时，货币宽松和紧缩对不同部门的影响是不一样的。货币宽松时不是每个部门都宽松，货币紧缩时也不是每个部门都紧缩。货币不是在不同部门之间同比例分配，他们之间的差异是很大的，这就导致货币宽松时也会有部门受伤，货币紧缩时也会有部门受益。这种不同利率下的"货币分配不均等效应"正是我们货币流动理论的研究对象与研究重点。

在经济学中，企业被称为产业组织，从货币流动理论可以看出，货币对企业的规模也会有重要影响，因为得到货币滋润的企业成长了，没有得到货币滋润的企业萎缩了，所以货币流动理论也对产业组织研究提供了新视角。利率对产业组织的影响是非常大的，这也应该成为央行考虑货币政策的参考因素。

以前的产业组织理论只研究竞争与垄断因素，从未涉及金融货币因素，但货币因为对产业组织的影响非常大，研究货币政策对产业组织的影响应该成为一个独立的经济学分支。本篇的货币流动理论则将实体经济进行细分，细分为不同行业部门进行研究，研究不同利率条件下，货币分配不均等效应在不同经济部门的不同表现。

四、货币流动对产业组织的影响

1.高利率有利于头部大型企业做大，只有低利率时中小企业才容易成长

利率是资金在不同规模企业之间流动的指挥棒，这是因为不同规模的企业信用不同。一般企业越大，信用越好，信用越好的企业融资的利率越低，在市场经济条件下，大企业的信用一般要远远好于中小企业。金融机构放贷给大企业的风险要小于放贷给中小企业。金融市场并不遵守"价高者得"的竞争规律，金融机构的资金不仅追求收益，更追求安全。市场利率越高时，金融资金越追求安全，从安全的角度来看，当然是大企业相比小企业更安全。因此当市场利率越高，金融风险越大的时候，资本就越青睐于大企业，这时的大企业不仅比平时更容易融到资金，而且融到的资金利率更低。这种效应也称为头部效应，是指在金融利率非常高的市场环境下，社会资金向头部企业集中的现象，利率越高，头部效应越明显，高利率环境下，整个经济都会出现头部化、寡头化情况。

只有利率较低时，资金才可能会惠及中小企业。因为利率环境整体较低时，整个市场的金融风险较低，中小企业可以通过承受更高利率赢得对大企业的竞争优势，此时资金才会惠及中小企业。但利率过低也不行，因为利率过低将会影响金融企业的风险覆盖能力。

2.高利率有利于国企扩张，低利率有利于民企发展

不同企业信用不同。通常情况下，央企信用高于普通国企，普通国企信用高于同等规模的民企。利率越高的环境，金融机构越追求安全，即使损失一些利润，金融机构也要将资金放给安全的企业。因此利率越高的时

候，央企、国企、地方政府融资平台反而融资越容易。高利率对央企、国企的发展会产生促进作用，而民企则受到抑制。央企、国企、地方政府融资平台在高利率环境下是市场资金的避风港，是资本追逐的宠儿，可以轻松获得大量资金，实现超常规发展。只有市场整体利率比较低的环境下，民营企业才可以得到充分发展。

3.高利率有利于股权融资企业扩张，低利率有利于债权融资企业扩张

在公司金融中，企业的融资方式可以分为股权融资和债权融资两种，这两种融资方式差别较大，股权融资的企业不用还本付息，而债权融资的企业则需要还本付息，因此市场利率的高低，对股权投资的企业没太多直接影响，但对债权融资的企业影响很大。

在高利率环境下，依赖债权融资的企业的扩张成本会陡然增加，这对他们是不利的，他们也就不再扩张，而对于依赖股权融资的企业表面上没有直接影响，但间接上他们却是高利率环境下的受益者，因为股权融资的资金并不直接来源于个人，而是来源于银行等金融机构，这些机构在募集资金时则受到市场利率环境的影响，在高利率环境下，资本市场的无风险收益率很高，民众的投资热情高，金融机构非常容易募集到资金，股权投资机构的资金也很多来自银行等其他金融机构，因此也可以轻松募集到大量资金，所以高利率环境对他们是有利的。

因此高利率环境下，依赖股权融资的企业可以大规模扩张，依赖债权融资的企业则会发生萎缩。

4.高利率有利于新兴企业扩张，不利于传统企业扩张

创新型企业往往规模小，成长快，一般从事的是新兴产业，主要采用股权融资。传统企业往往规模比较大，产业陈旧，主要采用债权融资。高利率环境下，创投企业募集资金非常容易，可以很好地支持创新型企业高

速发展，所以从事新兴产业的企业会发展得比较好。传统产业往往企业规模大、资产重，需要的资金量也非常大，而且成长慢，股权融资很难支撑他们的发展，债权融资几乎是传统产业主要的融资方式，但高利率环境对债权融资很不利，所以高利率环境下，传统企业会比较艰难，只有在低利率环境下，这些企业才有较好的发展机会，因此高利率可以很好地将社会资金从传统经济转移到新兴经济，有利于国家经济的转型。2010年后，中国经济转型较快，一个重要因素就是高利率的货币政策催生的股权投资热，进而使新兴经济快速成长。

5.高利率有利于投资性金融行业，低利率有利于投机性金融行业

投资性金融市场与投机性金融市场是有明显区别的，投资是有稳定预期收益的，而投机是没有稳定预期收益的，投机是带有赌博性质的投资，一般投资性金融行业主要指的是面向企业或个人进行投融资服务的，比如银行、信托贷款、公开发债、股权或债权类的私募基金、民间小贷公司、互联网贷款等都属于投资性金融机构，而投机性金融行业主要指的是在交易市场进行交易的机构，而股票、期货、金融衍生品、外汇、贵金属的投资都属于投机类活动。在高利率环境下，投资的无风险收益率比较高，纯投资就可以获得比较高的收益，民众就没有必要去投机市场冒险，而当利率比较低的时候，民众无法从正规金融机构获得可观的稳定收益，只能到投机性市场中去冒险。资金本质是不想赌博的，但只有在无法获得稳定收益时才会赌博。资金过度涌入投机性金融市场对实体经济是不利的，因此国家一般应该鼓励正常的投资，反对投机活动，而利率政策就是调控两个市场的重要手段，利率高时资金就流向投资性金融市场，利率低时资金就流入投机性金融市场。

6.高利率有利于影子银行系统发展，低利率有利于银行系统发展

银行和影子银行系统在利率政策上其实是相同的偏好，但两者也存在互补与替代关系。一般银行从事的是比较保守的贷款活动，而影子银行系统则从事的是比较激进的贷款活动。影子银行之所以业务更加激进，是因为影子银行的业务更加聚焦、风控手段相比银行更加复杂，甚至很多时候比银行更先进。市场利率越高，不符合银行贷款条件的企业就越多，影子银行的业务就越多，而在低利率环境下，大部分企业也符合银行的调控，影子银行系统就会出现业务萎缩，所以，高利率时也会伴随着影子银行业务的发展，低利率则会导致影子银行系统的大量倒闭。

7.高利率有利于民众投资理财，低利率有利于民众信贷消费

企业的资金大部分来自金融机构，但金融机构的资金却来自民众，因此研究利率对民众的影响也非常重要。高利率可以促进居民投资理财，低利率可以促进居民消费，这背后潜藏的是人的逐利心理，只要将利率提高到一定高度，金融机构就很容易吸引到民间资金，因为民众都有"用钱生利"的想法，这是金融业发展的市场规律，所以高利率是有利于民众投资理财的。相反，低利率则引导民众进行消费。而利率很低时，民众就不愿意将钱拿出来投资，这部分钱也就被消费掉。当利率低到一定程度时，民众还会贷款消费，这时民众会将钱用于享乐，甚至会透支。利率是一根指挥棒，指挥着民众资金的去向，高利率将民众资金指挥到投资理财领域，低利率则将资金指挥到消费领域。

五、利率与国家兴衰

总之，利率是一个指挥棒，指挥了资金的流动方向。资金在不同产业

之间的不均等分配又塑造了一个国家的产业结构。利率不仅塑造着同一产业内部的结构，也塑造不同产业之间的结构。利率对产业组织的影响要远远大于我们以前研究的竞争和垄断对产业组织的影响，因此我们可以从金融这一全新的视角对产业组织进行研究，这也应该成为微观金融学研究的主要内容。同时，通过货币流动理论可以更好地分析货币政策的成败得失，可以更好地分析一个国家的兴衰成败。如果一个国家的民众将资金更多地用于消费，而不是投资，这个国家就会很快衰败；如果一个国家的资金更多地进入了投机性金融市场，而没有进入投资性市场，那么这个国家也会很快走向衰败；如果一个国家的资金更多流入了传统行业，而没有流入新兴行业，这个国家也很容易走向衰败。因此，利率政策可以通过对产业的直接影响，决定着国家的兴衰。

自从马歇尔将"组织"作为第四生产要素引入经济学之后，产业组织理论成为经济学的一个重要分支。早期的产业组织理论主要从竞争与垄断的角度研究产业组织，新制度经济学、博弈论、合约理论兴起后又为产业组织理论研究提供了新视角，形成了新产业组织理论，但是如果我们将货币金融因素引入产业组织研究，就会发现一个全新的领域，让我们对产业组织的研究更加完善，因此货币金融视角下的产业组织理论也应该成为经济学的一个重要分支。

第六篇

政府投资带动乘数与量化财政调控理论

——对凯恩斯经济调控理论的优化

凯恩斯经济学最早提出了"乘数"的概念，但是凯恩斯经济学中的"乘数"只是用来证明政府投资的有效性，却无法用于政府投资精准性的计算。本文提出了"新投资乘数"模型——投资带动乘数，指的是政府投资对社会总投资的带动情况。通过新乘数模型，我们可以很容易地计算经济萧条时到底需要多少政府投资的介入才可以让经济恢复繁荣，这样就保障了政府投资的精准性。新投资乘数理论的提出，可以避免以前按照GDP公式进行政府投资规模计算的诸多问题，是一种真正量化的财政调控。

一、凯恩斯乘数理论的弊端

凯恩斯经济学在政策主张上最大的特征就是提出了用财政投资解救经济危机的主张。凯恩斯在《就业、利息和货币通论》中为了证明财政投资的有效性而构建了乘数理论，构建乘数理论确实是一个伟大的智慧，也是一个巨大的贡献，当然其中也有其学生卡恩的功劳。卡恩最先发现政府投资与国民收入增长之间会存在一个比例，凯恩斯迅速捕捉到了卡恩这一重大灵感，并建议将"比例"的提法改为"乘数"，这就是现在宏观经济学中乘数理论的最初来源。

凯恩斯的乘数理论设计得虽然精妙，但是也存在缺陷。因为凯恩斯构建的是投资和国民收入之间的乘数，凯恩斯这样构建乘数理论，在当时是有道理的，因为当时的世界处于大萧条时期，世界面临的最大问题就是失业问题，民众一旦失业就没有了收入，凯恩斯的乘数理论既是给政府看的，也是给大众看的，他要让政府和民众看到政府投资最大的好处是可以增加民众收入，这样就可以解决失业问题。他的理论既可以得到政府的支持，也可以得到民众的支持。他这样想是对的，也是符合当时的时代背景的。

但凯恩斯这样构建乘数理论也有其弊端，毕竟政府投资转变为国民总收入，中间还隔着许多环节，即使可以从理论上得到证明，但是现实中也很难讲清楚，后面产业链之间财富的传递更是虚无缥缈，类似于空口承诺，因此凯恩斯的乘数理论在现实中是很难验证的，因为很难界定民众哪笔收入的增长是建立在政府哪笔新增投资的基础之上。

二、新投资乘数的构建与量化财政调控

我们主张不要在投资与国民总收入之间构建乘数关系，而是主张在政府投资与社会总投资之间构建函数，这样的乘数构建起来更直接，也更容易理解，因为政府投资对民间投资的带动是可以用事实证明的，也是显而易见的，是更容易被测算或估算的，而且政府投资对社会总投资的带动乘数肯定也是大于1的。首先，政府投资只是出钱，真正具体实施政府投资的却是民间承包商，因此政府投资就可以先带动一波民间承包商的投资，其次，是政府工程不仅在建设期间会对民间投资有带动作用，而且工程结束后也会给民间投资的商业带来巨大机会，这时又会诱发第二轮的民间投资，因此政府投资对民间投资会有两波带动，其中第一波是直接的，时间同步的，金额相等的投资，第二波则是滞后的，长时间持续的，但是规模却是更大的。第二波民间投资持续的时间与政府投资所形成的公共产品的使用时间相同，会持续很久，第二波民间投资的力度则取决于政府公共产品与民间私人产品的紧密关系。如果政府投资的公共产品与民间私人产品关联特别紧密，其投资带动系数就非常大，最终的投资带动总乘数也会很大，往往是一到五倍，甚至更多，这也是政府投资的强大的外部性。

因此本篇构建的是政府投资对社会总投资之间的投资乘数的大小主要

取决于政府投资对民间投资的带动，而政府投资对民间投资的带动在现实中不仅更容易计算，也更容易被看到，比如修建一条普通公路，公路两侧很快就会出现很多的商业街铺；修建一条地铁，地铁周边很快就会出现一批楼盘，甚至楼盘建设得比地铁还快，高铁站旁边的高铁新城建设得比高铁还早，这些问题，很容易用现实来佐证，而凯恩斯的投资收入乘数，只能用理论进行推测，在现实中很难用实际案例进行佐证。政府投资只是点燃民间投资的火柴，火柴点得好，整个社会的投资都会跟着火起来。

我们将政府投资对民间投资的带动称为政府投资带动系数，那么"政府投资对社会总投资的乘数=1+政府投资对民间投资带动系数"，进而我们可以计算政府投资对社会总投资增长的贡献：

政府投资对经济增长的贡献＝政府投资 × 政府投资带动乘数＝政府投资 ×（1+政府投资对民间投资带动系数）

我们建立政府投资新乘数，主要目的不是计算政府投资的有效性，而是为了更好地实行财政调控，也就是用于计算经济危机到来时，政府需要多少资金去进行政府投资，这才是我们的目的。

根据上面的公式，我们也可以对经济危机时政府需要的投资量通过下面的计算得到：

政府新增投资＝我们需要的投资总增量/（1+政府投资对民间投资带动系数）

有了这个新的计算方法，我们比以前根据GDP公式计算要精准得多。

三、政府投资为何会引发经济过热？

在厘清了政府投资和民间投资的关系后，我们再回答另外一个与政府投资相关的重要问题，那就是政府投资是否具有持续性，比如今年政府加大投资了，那明年怎么办，是不是还得继续投资呢？会不会造成政府投资一直停不下来的情况？如果单纯地从GDP的计算公式看，是这样，投资需要每年维持一定的量，经济才不会衰退。但现实却是相反的，政府投资不仅不需要考虑持续性问题，相反需要谨防经济过热。通常每轮政府投资过后都会出现一段时间的经济过热，需要政府出面清理过剩产能，这到底是为什么呢？这是因为政府投资不仅具有不可逆性，还有很强的带动效应，主要原因是：

第一，政府投资的交通、信息等基础设施对提高经济效率非常有用，这可以用我之前提出的平衡经济学"新三驾马车"理论中的"交易效率"理论来解释。政府投资的基础设施可以大幅提高市场经济的"交易效率"，从而带动整体经济效率的提高，比如因为信息基础设施比较好，中国具有比其他国家更高的网速，社会整体经济效率一旦得到提高，就不会再回落，而且会稳定在一个水平。根据经济增长"新三驾马车"理论，交易效率的提高与生产效率的提高是可以相互带动的，也就是说，一个产品如果可以更快地交易出去，也就会更快地生产出来。如高铁和高速公路的开通就极大地拓宽了很多产品的市场边界，这些产品的市场边界扩大，回过来又促进了这些产品的生产，因此交通基础设施的改善对产品投资的扩大也具有带动作用。

第二，如果政府投资的是具体产业，如电力、水利、大飞机等，这些产业一旦形成生产力，自身就会长久地创造价值，如都江堰修好后可以长达千年提高成都地区的农业灌溉；几十年前修建的水库，到现在仍然是农业水利的主体；政府投资的水力发电设施、风力发电设施、核电设施也是如此，一旦投产就会长期有产出，不仅具有不可逆性，而且具有很强的带动效应。

第三，政府投资可以带动民间投资，政府投资的产业的"投资带动乘数"很大，而且这种带动效应并不会因为政府投资的结束而结束，而是随着政府投资的结束而开始。比如地铁修建结束后，地铁周边的商业慢慢发展起来；高铁建成之后，高铁新城才会繁华起来；高速公路修建结束后，高速公司两侧的工业园区才开始招商；信息互联网提速之后，各种新的互联网商业模式才会被创造出来。这些由政府投资产生的产业带动效应会持续数年甚至十几年、几十年，因此每一轮政府投资结束后，都会有大量的民间投资马上接盘，如果按一到五倍的带动乘数衡量的话，政府投资结束后，马上就有一到五倍的民间投资跟上来，因此每一轮政府投资过后，都会接着出现经济过热。

归结起来，政府投资主要分为两种，一种是着眼于社会整体经济效率的投资，一种是着眼于具体产业的投资。这两种投资对增长的作用不仅不可逆，而且都可以为民间投资带来巨大的投资机会。政府投资与民间投资是一场接力赛跑，需要政府先跑起来，民间投资就会"接棒"政府投资。民间投资本身就具有很强的积极性，企业家是绝对不会放过任何一个政府投资创造出来的经济机会的，因此政府投资结束后，经济增长不仅不会下滑，还会因投资的带动效应太强而导致经济过热。2008年经济危机之后，中国政府推出了三年四万亿的政府投资计划，四万亿投资对于当时的中国经济总量来说不算很大，但在2010年前后仍然出现了非常明显的经济过热现象，其背后的原因就是政府投资的带动效应。因此，我们在计算政府投资对GDP的带动作用时千万不能只计算政府投资在GDP公式中的作用，一定也要将政府投资对民间投资的带动一起加进去才对，这也是我们提出新乘数理论的意义所在。

四、政府投资会挤压民间投资吗？

政府投资对民间投资会不会有挤出效应，这不是一个财政问题，而是一个货币问题。从货币学的角度看，在不需要存款准备金的前提下，银行的钱是用不完的，因为贷款可以创造存款，货币是有乘数的，只要存款准备金足够低，货币乘数就可以无限大。从货币运行规律上看，政府投资对民间投资不仅没有挤出效应，反而有促进作用。因为货币是用不完的，而且越用越多，政府贷款本身就可以同步创造存款，政府贷款创造出的派生存款就可以为民间投资所用，因此从货币学上看，政府投资不仅可以给民间投资带来项目，还可以带来资金。

我们不能用财政思维去理解货币运行。财政与货币是两种完全不同的运行方式，财政是越用越少的，货币则是越用越多的，财政你用了他就用不了，货币则与水一样，是可以循环使用的，不同人的使用并不冲突，政府的使用并不影响民间的使用，政府放水，只会让水的总量变大。

五、财政调控相比货币调控的优势

1.货币调控是"痛感调控"，财政调控是"无感调控"

人类现有的经济学理论绝大部分都是20世纪90年代之前创立的，西方经济学已经停滞了三十多年。自从有了信息互联网之后，经济各个领域都已经发生了翻天覆地的变化。当然，弗里德曼本人在晚年经历了早期互联网时代的发展，但他的货币理论却是在互联网时代之前提出的，人类亟需互联网时代的新经济学。

财政调控，只调控政府投资，不调控民间投资，也不随意调整货币政策，对整体经济的系统性风险却要小得多，属于"无感调控"。在企业和个人不知不觉的过程中实现了经济调控，可以避免企业和投资人在宏观经济周期中的巨大牺牲。另外，财政调控效果更直接，基本没有"时滞"，可以非常好地保证调控效果。

货币调控则是"痛感调控"。"痛感调控"是一种政府通过给企业与民众造成痛苦的方式，实现经济调控目标的调控方式，货币调控就是典型的

"痛感调控"。政府通过货币紧缩，提高利率，让企业感觉高利率的痛苦，然后被迫缩减投资，以达到调控目的。"痛感调控"本质是一种惩罚式调控，必须让社会感觉到痛苦，然后利用这种痛苦，使企业和民众的经济行为发生改变，经济才可以达到调控目标。

"无感调控"是指在经济调控过程中，不以给企业和民众造成痛苦为代价，而是通过只改变政府一方的行为，从而达到经济调控目标的调控方式。在"无感调控"中，企业和民众的经济行为不受调控影响，而通过政府自身行为的改变达到调控目标。"无感调控"主张经济调控应该不引起新的经济波动，不引起资本的紧缩，让民众毫无感觉的情况下，政府静悄悄地完成经济调控目标。"无感调控"的本质是"民众只管享受岁月静好，让负重前行交给政府"。财政调控就是典型的"无感调控"。

2.货币调控是间接调控，财政调控是直接调控

货币调控是一种非常间接的调控方式，这种调控并不直接调控经济的病灶领域，而是一个行业生病，全社会所有行业都要跟着吃药，无一不受货币调控的影响。而且货币调控起效也是间接的，需要通过银行收缩银根才可以起到作用。货币紧缩时期影响的往往是信用不太好的中小企业，而应该被治理的往往是大型企业，但大型企业反而会因为资金的"头部效应"或"避风港效应"在货币紧缩时也可以过度扩张。货币政策的这种间接调控副作用很大，其过度调控是必然的。相反，财政调控则直接得多，因为政府本身就有投资属性，政府增加或缩减投资对经济增长或衰退的影响都是直接起作用的。

3.货币调控是模糊调控，财政调控可以做到精准调控、量化调控

货币调控由于其调控的间接性，导致其在执行调控政策时具有很强的模糊性，要想调控到位只能猜测或凭经验感知，很难量化，而财政调控则

容易量化得多。我们需要增加多大的投资力度或需要减少多大的投资力度可以根据模型进行清晰地计算，因此可以做到精准调控，使宏观调控不再是一件模糊不可测的事情。

在信息互联网时代，经济高度联系，系统风险无限积聚，经济调控应该坚持"无感""直接""量化"三原则，这样才可以将宏观调控的益处发挥到最大，将宏观调控的弊端降低到最小。基于"量化财政调控"理论的精准财政调控才应该是21世纪主流的宏观调控模式。

第七篇

"政府债务型经济危机"
理论概述

由政府债务导致的经济危机经常出现，但是至今主流经济学派还尚未将其作为经济危机的一种类型进行深入研究。本篇提出了经济危机的分型辩治理论，对经济危机进行了重新分类，提出了"政府债务型经济危机"的概念与理论，并总结了政府债务型经济危机的特征、形成原因，提出了经济发展必须同时进行产业结构升级和财税结构升级"双升级"的观点。

一、经济危机的分型辩治理论

人类发展到现在，所面临的经济危机经历了三个阶段，也出现了三种类型的经济危机，分别是生产过剩型经济危机、金融泡沫型经济危机和政府债务型经济危机。当前，全世界所经历的经济危机主要是政府债务型经济危机，这种危机与以前的危机完全不同，是全新的经济危机形态。

根据笔者的总结，19世纪的经济危机主要是生产过剩型经济危机，20世纪的经济危机主要是金融泡沫型经济危机，而21世纪的经济危机则主要是政府债务型经济危机。其中，生产过剩型经济危机的本质是马克思所说的"生产过剩"或是凯恩斯所说的"需求不足"，这种经济危机可以用凯恩斯提出的"财政投资扩大政府需求"的方法解决，金融泡沫型经济危机的本质是"货币不足"，可以用弗里德曼提出的"直升机撒钱"的方法解决，但是到了21世纪，人类面临的经济危机主要是政府债务型经济危机，凯恩斯和弗里德曼的理论都已经失灵。政府债务型经济危机的本质是"财税不足"，必须通过财税改革来解决，这也是本人提出"新财税主义宏观经济学"的原因之所在。

人类对政府债务型经济危机的研究还远远不够深入，这是因为政府债务型经济危机以前主要发生在发展中国家，主要以外债危机的形式出现，很少发生在发达国家，但目前政府债务型经济危机主要发生在发达国家，而且主要是内部债务危机。面对政府债务危机，大多数国家的政府还是"讳疾忌医"，采取的也大多是"鸵鸟政策"。欧美国家频繁实行的量化宽松政策，不仅不会降低其政府债务，反而会让政府债务大幅提高。因为量化宽松的货币都是以政府债务的形式投放到市场的，用量化宽松货币政策治理债务危机是南辕北辙，其结果是加重经济危机。

以前政府债务型经济危机主要出现在发展中国家，主要是因为发展中国家发展过快，容易形成债务积累，而发达国家发展很慢，每年经济只增长一点点，不容易形成债务积累。政府债务型经济危机的出现表明人类对经济周期的研究还远远不够，"防止大萧条"的核心问题也仍然没有解决，宏观经济学仍然存在巨大的研究空间，新财税主义宏观经济学就是从政府债务与税收的角度理解经济周期问题的理论。

经济危机分型辩治理论认为，凯恩斯、弗里德曼和本人的经济学说并没有本质矛盾，因为我们论述的经济对象不同，分别解释不同的经济危机，因此提出的经济危机解决方案也不同。人类面临的从来不是一种类型的经济危机，经济学界那种为"经济周期"找出一种原因的主流做法本身就是错误的。

现在的人类面临的经济危机更多是几种危机的复合形式，但在某个阶段其根本因素只有一个。而且生产过剩因素造成经济危机的比重越来越小，金融泡沫也只是经济危机的表现形式，并非根本原因，相反，政府债务因素造成危机的比重越来越大。

从历史来看，经济学家提出经济危机的解决方案总是滞后于经济危机的演变。当凯恩斯找出解决生产型经济危机的方案时，生产型经济危机已经进入历史。当弗里德曼想出解决金融泡沫型经济危机的方法时，金融泡沫型经济危机已经进入历史。经济危机的形式犹如病毒一样，是会经常变异的。当经济危机出现了新的变异时，我们就应该采取新的治理方法。

因为经济危机以周期的形式出现，所以在经济学界一般将经济危机研究称为经济周期研究，但政府债务危机却没有固定的周期，其一旦爆发，只有启动财税改革才可以解决。财税改革启动得早，经济危机结束得就早，财税改革如果迟迟不启动，经济危机可能就会长期持续下去。因此，我们也不能用传统的理解经济周期的思想去理解政府债务型经济危机。

二、人类关于企业债务以及政府债务的研究现状

目前，经济学界对债务的研究可以分为两类，一类是对企业债务的研究，一类是对政府债务的研究。现代经济学中研究"企业债务"的经济学家很多，比如近些年经济学界走红的经济学家基本都是研究"企业债务"的，在企业债务领域产生的理论主要有，费雪的债务–通缩理论、明斯基的金融不稳定学说及债务三阶段理论、伯南克的"金融加速器"理论、辜朝明的"资产负债表衰退"理论等，但这些学者都是只研究了企业债务，而没有研究政府债务，系统性的政府债务研究目前在经济学中仍然是空白的。2008年全球经济危机爆发之后，这些学说开始走红，但客观地说，这些学说解决不了人类目前面临的问题，因为目前人类面临的问题是政府债务危机，而不是企业债务危机。企业债务只是影响经济危机的一个因素，企业如果普遍债务过重，经济危机爆发后，企业还债会加重经济危机中的通缩，企业修复资产负债表延缓经济的复苏，银行抽贷也会加速债务崩溃，这些都是企业债务对危机的影响，但政府债务危机的规律与企业债务完全不同。

在经济学界，关于政府债务的研究只有德国历史学派和凯恩斯学派进行了一定的研究，德国经济学家瓦格纳很早就发现了政府支出会不断增长的事实，经济学界称为瓦格纳法则。瓦格纳开出的药方是政府借债，但瓦

格纳并未预料到政府过度负债会造成政府债务型经济危机。美国经济学家凯恩斯主张政府通过负债进行财政投资拯救经济危机，凯恩斯也没有过多考虑政府借债的后果。凯恩斯在美国的继承者汉森提出了补偿财政理论，主张在经济繁荣时对政府债务进行财政补偿，但现实中也很难做到，因为即使经济繁荣时期，政府也很少有盈余，而且汉森等人并没有像瓦格纳那样认识到政府负债是经济发展的必然结果，而只是当成了一种短期现象，因此汉森也没有对政府债务进行深入研究。汉森唯一留在哈佛大学的弟子马斯格雷夫虽然以"现代财政学之父"著称，但研究视野较窄，也没有从宏观经济周期的角度看待财政问题。

其实，政府出现债务并非因为拯救经济危机加大了财政支出，而是经济增长与税收改革不同步造成的，最终要靠财税改革解决，但是瓦格纳、汉森都没有将政府债务问题与税收改革联系起来。德国历史学派和凯恩斯学派之外的其他学派更是鲜有人进行这方面的研究。

三、"瓦格纳缺口"

19世纪80年代，德国历史学派经济学家阿道夫·瓦格纳提出的"瓦格纳法则"核心内容是："当国民收入增长时，财政支出会以更大比例增长。随着人均收入水平的提高，政府支出占GDP的比重将会提高。"瓦格纳法则又称为政府活动扩张法则，但瓦格纳是在实证分析的基础上得出上述结论的，并没有对此进行深入的理论分析。

在新财税主义宏观经济学中，我们要在"瓦格纳法则"的基础上提出一个新的概念——"瓦格纳缺口"。"瓦格纳缺口"是不断增长的政府支出与基本保持不变的财政税收之间的缺口。其计算公式是"瓦格纳税收缺口=政府支出增长–现有税制下的税收"。瓦格纳缺口模型不是简单财务意义上的财税赤字概念，其背后揭示的是经济发展过程中的一种规律与趋势。瓦格纳缺口的本质是一种财政缺口，或是说税收缺口，因此"瓦格纳缺口"也可以称为"瓦格纳财政缺口"或"瓦格纳税收缺口"。

"瓦格纳缺口"的出现有两方面原因，一方面是政府支出不断增长，另一方面是一成不变的税收。时间长了，政府必然出现财政缺口。其中，政府支出不断增长主要是因为以下几个原因：

1.经济分工的扩大必然导致政府分工的扩大，从而导致政府支出的增长

经济发展的一个重要标志就是市场分工的扩大，而市场分工的扩大也必然需要更多的政府分工与之相对应。如工业化的出现导致政府工业管理职能的出现，城市化的出现会导致政府公共交通职能的出现，信息化的出现会导致政府信息保护职能的出现，总之随着经济分工的扩大，政府分工也会变得越来越复杂。

2.私人产品的丰富也会对政府公共产品提出更多的需求

我们每天生活所需要的产品分为私人产品和公共产品两大类，很多私人产品需要政府的公共产品配套才能使用。私人产品越多，需要的公共产品就越多。如汽车是私人产品，道路是公共产品，汽车的增加会直接导致对公共道路需求的增加。如今，人们对公共产品的依赖要远远超过对私人产品的依赖，而公共产品的提供者主要是政府。人们对公共产品的依赖程度越来越高，这就需要政府的财政支出越来越大。而且人们对公共产品的品质要求也越来越高，如城市的清洁、绿化等。

3.社会越发达，社会风险越多，就需要政府提供更多的保护

现代社会是风险社会，人类时刻面临着各种风险，如人身安全、资金安全、食品安全、环境安全、信息安全、交通安全、失业等各种风险，而

且社会发达程度越高，整个社会面临的风险越多。如果没有政府的保护，人们可能会被出现的巨大风险所吞噬。在不确定的风险环境下，只有政府为人们提供足够的风险保护才行，这也需要民众以税收的形式向政府缴纳一定的费用，这样社会才能运转。

4.社会越发展，贫富差距越大，越需要政府采取更多的措施维护平等

社会不断发展，社会不同个体之间的财富差距也越来越大，有能力的个体越容易攫取到更多的社会财富，同时，现代社会也是竞争型的社会，人们时时刻刻会面临竞争失败的风险，这也需要政府有一定的支出维护社会平等，如公共教育、公共医疗、失业保障、社会救济等，这些都是对社会不平等的一种弥补。

四、"税收不足"是国家常态

由于以上四条经济规律的存在，随着产业升级，国家经济不断发展，政府在社会中发挥的作用会越来越大，政府支出也会越来越大。因为税率是固定的，"瓦格纳缺口"就会越来越大，而且税收改革永远是滞后的，因此税收不足一般会成为一个国家的常态，我们将之称为"税收永久不足"理论。税收不足是政府债务性经济危机爆发的根本原因，因此，一个国家会一直处于走向政府债务型经济危机的路上。

税收不足一般短期内需要通过政府财政赤字补足，这就是政府债务的来源。当财政赤字增加到无法再增加时，就需要政府启动财税改革，增加税收。但财税改革又涉及法律问题、政治问题，很难改革，所以"税收不足"更会是国家的常态。

因为瓦格纳缺口的根本原因是经济增长，因此越是经济增长快的国家，财税缺口越大，税收不足表现得越明显，而且越容易爆发债务危机，这也

是为什么政府债务危机经常爆发在发展迅速的发展中国家的原因。

当我们弄明白经济增长与财税关系背后的逻辑问题之后，就会发现，"税收不足"对一个国家来说将是时刻都要面对的问题，也是要时刻准备着、必须解决的问题，特别是发展越快的国家，越应该注意。

那么税收会不会像人们所担心的那样会一直上升呢？我认为不会。因为经济增长也是有极限的。虽然现在人类经济一直在增长，但未来不会，当经济增长停止的时候，税收的增长也会停止。

经济发展主要有两方面的表现，一是新产品的出现，另一个是现有的产品更新换代，以后新产品出现的会越来越少，更多是现有产品的更新换代为主，这会导致社会的发展进步，但并不一定带来经济的增长，当经济不再增长后，税收不足的问题也将不再出现。

税收不足会造成社会的"公共贫困"。美国哈佛大学的经济学家加尔布雷斯在其代表作《丰裕社会》中曾经提出过"公共贫困"的概念，但是他并没有揭示出其背后的原因，当我们明白了瓦格纳缺口的含义后，就很容易明白"公共贫困"的根源也是"瓦格纳缺口"。

五、公共产品市场非均衡理论

"公共贫困"主要表现为公共产品供给不足。在正常经济条件下，私人产品与公共产品之间是有一个固定比例的，两者在经济学上属于互补品。公共产品与私人产品配比合理的才可以社会和谐，比如我们有多少私人汽车，就需要多少公路；有多少城市人口，就需要多少城市清洁人员等。私人产品的增长会导致对公共产品需求的增长，公共产品的数量必须与私人产品的数量同比例增加，经济才会和谐，一旦公共产品与私人产品配比不合理，就会出现经济社会系统的紊乱。这种经济社会系统的紊乱可以表现为交通拥挤、环境脏乱、贫富差距过大、社会风险增加等问题。这种社会紊乱达到一定程度就会导致经济危机。税收不足就会导致公共产品的供给不足。

目前，在经济学中处于主流地位的是"真实经济周期理论"，他们强调"技术冲击"后市场自动恢复均衡的观点我是反对的。首先，市场上的产品是由私人产品和公共产品两部分组成的，价格调节与市场均衡，只能发生在私人产品市场部分，这对公共产品是无效的。公共产品的供给受政府预算影响，短期可以用赤字调节，但长期看，从根本上是受到税收制约的。公共产品的需求是随着私人产品的增长不断增长的，但税收是刚性的，公共产品的供给无法增加，所以公共产品市场是很难均衡的，因此真实经济周期理论中强调的市场均衡只能是私人产品的均衡，而不是包括公共产品市场在内的整个市场的均衡。公共产品的均衡是无法通过自由市场实现的，而公共产品的不均衡也是导致经济危机根本因素之一，因此完全意义上的市场自动均衡在现实中是无法实现的。也有人会说，公共产品属于市场之外，但是即使公共产品属于市场之外，也是处于经济之外，同样可以造成经济危机，况且公共经济占国民经济的比重越来越高，公共经济只是一种交易非常复杂的经济形式而已。

其次，"技术冲击"对社会的冲击不是均衡地移动，仍然是从均衡到不均衡的改变。技术进步肯定会导致私人产品供给的增加，但私人产品与公共产品必须合理配比，私人产品供给的增加也会对公共产品提出更大的需求，但公共产品的供给因为税收刚性制约而不能增加，这就导致了公共产品的供需失衡，因此，技术冲击仍然导致的是不均衡的出现，主要表现为公共产品市场的不均衡。

公共产品与私人产品之间天然存在一个固定的匹配比例，而且这个比例是动态的，每个时代都不同，需要随着经济发展而调整。公共产品与私人产品的"比例错配"也是导致经济危机的原因。公共产品的数量必须主动去适应私人产品数量的增长，我们称为公共产品与私人产品的"主动匹配"理论，当然这种"主动匹配"如果能实现就需要经常进行财税改革。

新财税主义宏观经济学与真实经济周期理论的共同点是都强调技术进步对经济的影响，不同的是，真实经济周期理论模型中只有私人产品，因此提出了进步导致均衡点移动的观点，而新财税主义宏观经济学的经济模型中不仅包括私人产品，还包括公共产品，技术进步会导致对公共产品的需求增加，但公共产品的供给却不足，这就导致了公共产品市场的非均衡性，这种非均衡性也表现为私人产品与公共产品的配比不平衡，最终形成经济危机。这种经济危机一旦爆发，就必须政府干预。这种干预主要表现为财税改革，人类每发生一次技术革命都需要一次财税改革与之配套。新财税主义宏观经济学指出了真实经济周期理论的致命缺陷，比真实经济周期理论的分析更接近现实，更能解决现实问题。

六、产业升级的"子虚补其母"理论

新财税主义宏观经济学将社会升级分为产业升级与财税升级两部分。经济发展是一个"双升级"的过程。其中，产业结构升级对应的则是私人产品的扩大，而财税结构的升级对应的是公共产品的扩大，两者应该同步升级。但两者同步只是理想状态，现实往往是产业升级在先，财税升级在后，因为财税不那么容易调整。但如果没有财税结构的升级，产业结构的升级也会受到阻碍。

人们只关注产业升级，而不管财税升级，特别是一些发展中国家更是这样，结果造成了很多问题。这两个升级必须同步，产业升级是由市场完成的，财税升级必须由政府完成，只有两者同时完成，才可以实现私人产品与公共产品的合理配比。

产业结构升级，也往往是"功夫在诗外"，需要很强的外部条件。一个国家的产业结构要想升级，就需要大学教育的普及、科技支出的加大、基础设施的完善、社会保障系统的建设等，这些都是经济增长的必要基础。如果没有这些做基础，国家的发展就会停滞。这些都需要国家有很强大的财政投入才可以，都需要财税升级才行。如果政府没有及时进行财税结构的升级，产业结构的升级也会戛然而止。因此，如果没有财税升级做配套，产业升级也会受到拖累。

很多发展中国家之所以陷入"中等收入国家陷阱"就是因为只进行了产业结构的升级，没有进行财税结构的升级，最终产业结构升级也无法独善其身，最终经济陷入停滞。

我们可以将发展中国家分为两类：一类是初级发展中国家，如非洲国家以及东南亚的越南、柬埔寨，它们以产业结构升级为主。这些国家只要找到几个比较优势产业，大力发展，就可以实现快速致富；另一类则是印度、拉美等国家，它们处于中等收入水平，其产业基础已经较好，如泰国的汽车制造、巴西的飞机制造、印度的软件和制药产业都非常发达。这些国家曾经也是发展中国家的典范，但是发展一段时间后财税没有升级，导致科研投入无法增加，高等教育无法普及，社会福利保障不能建立，基础设施不够完善，这些国家的产业难以再高速发展了，于是就掉入了所谓的"中等收入国家陷阱"。林毅夫教授的新结构经济学对第一类国家非常有用，但对第二类国家则作用不明显。因为第二类国家急需的是财税升级，而不仅仅是产业升级那么简单。但如果将笔者的"新财税主义宏观经济学"与林毅夫教授的"新结构经济学"合并在一起，则可以帮助一个国家完成完整的经济升级。

中国的中医理论中有"子虚补其母"的理论，其实产业升级和财税升级也是这样的关系。一个国家的产业升级也是在其社会母体中孕育出来的。正如我们前面分析的那样：一个国家产业发展必须先拥有足够多的知识人群、发达的科研能力、完善的基础设施、充分的社会保障才行，这些就是产业发展的母体。只有母体足够强大，才能孕育出发达的产业，如果母体不够强大，其产业发展也必然是羸弱的。

因此我们在发展产业的同时，还必须同步壮大其社会母体。产业发展为社会母体发展提供充足的税收，社会母体发展又为产业发展提供了较好的基础条件，这才是良性互动，也是产业升级与财税升级之间的辩证关系。

因此，当一个国家产业发展停滞的时候，我们不仅要扶持产业，更要改善经济发展的社会母体。我们要看这个国家是不是有足够的接受过高等教育的人才，是否有强大的科研能力，是否拥有完善的基础设施，民众是否有足够的社会保障，这些基础具备，产业自然就会孕育得非常好。如果这些不具备，产业发展必然受限。例如，印度不具备这些条件，只能发展软件外包行业；泰国也能引入丰田汽车等外来产业，但其本土创新却很难发展起来，国家发展最终受限。

如果没有产业孕育的社会母体做基础，即使出台产业扶持政策，效果也是有限的，颂扬企业家精神也是于事无补的。"子能令母实，母能令子虚，虚则补其母"，这些中医理论是完全可以用来指导经济发展的。

经济学中存在着非常多的经典比喻，其中最著名的当属亚当·斯密提出的"看不见的手"，另外，凯恩斯还提出了"挖坑－填坑"的比喻，弗里德曼提出了"直升机撒钱"的比喻，奥地利学派借用了"守夜人政府"的比喻，"子虚补其母"虽然是我从中医领域借用过来的比喻，但最能反映新财税主义宏观经济学的本质。

七、"华盛顿共识"为何无法帮助发展中国家？

新财税主义宏观经济学认为一个国家经济发展的过程也是税收占GDP比例不断升高的过程。如果政府的财政收入没有随着经济发展而提高，必然会出现财政缺口，最终爆发债务危机，很多发展中国家的发展就是按这种路径演变的。中等收入国家掉入发展陷阱之前，一般都会爆发一次政府债务危机，这几乎是世界上大部分发展中国家的"宿命"。当这些发展中国家出现政府债务危机后，世界银行和国际货币基金组织就会介入，他们往往用"华盛顿共识"中的一些理念帮助这些国家进行改革。华盛顿共识是20世纪70年代后发展起来的，以当时最时髦的新自由主义经济学为蓝本提出的一套经济改革方案。当时，很多本来发展势头良好的发展中国家无奈成为这一所谓"共识"的牺牲品，良好的发展前途被无情葬送。多年来，尽管有太多的发展中国家陷入这样的发展怪圈，但理论界却从未对这一问题给出一个很好的解释，那些宣扬新自由主义经济学的经济学家仍然享受着殿堂般的崇拜，却从没有悔意与歉意。

根据笔者新财税主义宏观经济学的观点：当一个国家爆发政府债务危机的时候，应该帮助这些国家进行财税改革，提高政府财政收入，增强其产业发展的基础，从而解决危机。而"华盛顿共识"做的则是相反的工作，不是帮助政府增加财政收入，而是通过市场化、私有化削减政府职能，削减政府公共产品的供给，而他们削减的正是这些国家经济维持高速发展所必要的基础。而一旦这些基础被削减，经济发展、产业升级的条件就被进一步削弱，经济自然会陷入停滞，甚至国家都会陷入混乱，因此用"华盛顿共识"来解决政府债务危机必然会让这些国家陷入更大的危机。

阿根廷就是典型案例。阿根廷进行铁路私有化之后，铁路里程由接近5万公里，缩减到了1万多公里，社保市场化之后，参保人数也大幅降低，国家陷入经济停滞是必然的。

客观来说，西方国家也不具备帮助这些国家进行财税改革的理论素养，因为他们之前没有面临这样的问题，他们的财税改革是在偶然情况下完成的，并不是学术推动的。另外，由于这些发展中国家的债权方大多是欧美国家的银行机构，因此他们优先保障的是这些机构的利益，并非更多地考虑这些国家的前途。

如果我们把产业升级和财税升级比喻为组成一个木桶的两块木板的话，

"华盛顿共识"的改革方案不是帮助这些发展中国家去补齐"财税升级"这块短板，而是用其"小政府"理念去继续截短这块短板，结果是本来已经很短的短板被截得更短，经济不但不能恢复发展，反而走向了倒退。

八、政府债务型经济危机的三大特征

根据研究，我将政府债务型经济危机总结为以下几个特点：

1.政府债务型经济危机并非周期性经济危机

周期性经济危机是指由周期性因素导致的经济危机，我们以前经常遇到的生产型经济危机和金融型经济危机都是周期性危机。周期性经济危机的特点是，即使不对这些危机做任何处理，市场也可以自动解决，就像流感通常发生在冬天，到了夏天很容易就会消失一样。例如，生产过剩型经济危机，等新一轮技术创新来临时，经济就会走出危机。金融泡沫危机只要有一轮新的题材炒作，并吸引新的投资者入场，金融市场就会自动走出危机。但是政府债务型经济危机是没有周期的，也不是由周期性因素导致的，我们也不能像期待周期性经济危机一样期望市场自愈，政府在解决经济危机方面必须有所作为。

2.政府债务型经济危机并非市场型经济危机，而是政府型经济危机

以前的经济危机大部分是市场型经济危机，我们很少见到政府型经济危机。市场型危机的根源在市场，而政府型危机的根源在政府。政府债务型经济危机的根源在于政府的财税体制已经不适应社会发展而出现的危机。政府债务型经济危机必须通过政府财税改革才可以解决，如果不谈财税改革，而只是希望通过其他方法，比如市场化改革或鼓励企业家精神来走出危机都是不可能的。政府得病，不能让市场吃药。

要想走出政府债务型经济危机，就必须改革政府的财税体制。政府债务型经济危机比市场型经济危机要难解决得多，必须有雄才伟略的改革家才可以带领国家走出危机。因此，面对全世界的政府债务危机，世界也在呼唤伟大的改革家出现。

3.政府债务型经济危机不是急性危机，而是慢性危机

政府债务危机具备"慢性病"的常见特征，比较难治愈，也不会随时间的推移而自动变轻，而是会越来越严重，笔者将政府债务比喻为桌子上的灰尘，如果不打扫，只会越积越厚。当下，世界各国的政府债务就像灰尘一样越积越厚。

九、政府债务危机对经济的直接影响

1.政府债务型经济危机在经济方面的危害

政府债务型经济危机对经济增长的危害主要体现在以下几个方面：

①政府发生债务危机首先会导致政府投资的下降。发生债务危机后，政府在基础设施方面的投资必然会削减。政府投资下降不仅影响到经济增长，也会因为基础设施老化而影响到整个经济的正常运转。

②政府投资下降必然会带动民间投资倍数下降。政府投资一般会通过带动效应和乘数效应对民间投资产生推动作用，许多政府工程都是通过民间承包商来完成的，当政府投资下降时，也会直接带动这些民间投资的下降。政府修一条高速公路，公路两旁就会出现成片的工业区；政府修一条地铁，地铁站附近就会建成成片的居民小区或写字楼；政府修一条高铁，每个高铁站附近都会出现一座新城。这些由高速公路、地铁、高铁所衍生出来的经济效益往往是这些基础设施投资金额的数倍；如果政府因财政危

机而出现投资下降的话，这些民间投资也将随之出现倍数级的下降。

③政府债务型经济危机还会导致政府对科技投资的降低以及对新兴产业扶持的减少，这也会损害一个国家的长期竞争力，导致国家经济越来越落后。

④政府债务利息也会衍生出巨大的债务。债务压不垮政府，但利息会。不管任何形式的债务都是有利息的，债务利息会进一步加重政府债务，而且债务和利息是复利式增长，非常可怕。最后的结果就是政府收入的很大一部分都用来还利息，最终必然导致政府财政的崩盘或国家破产。目前，美国债务利息已经超过美国用于教育、交通、能源和国防之外的所有其他可支配项目开支的总和。中国的债务利息支出也已经超过了科技支出，这些都将继续侵蚀经济增长的基础。世界各国大部分的新增债务都是源于利息带来的新增债务。

2.政府债务危机在民生方面的危害

政府债务危机不仅会危害国家经济增长，还会对民生带来直接危害，其影响主要体现在以下几个方面：

① 退休年龄被推迟

近年来，不少国家都在推迟退休年龄，其中最根本的原因就是政府面临的债务危机。目前发达国家退休年龄普遍高于65岁，美国是67岁，德国未来10年将推迟到69岁，冰岛男性的退休年龄是70岁，澳大利亚也将从65岁逐渐推迟到70岁，欧盟甚至建议所有成员国将退休年龄推迟到70岁。世界各国难以解决政府财政危机，只能拿退休年龄做文章。

② 中产阶层社会解体

20世纪80年代以来，中产阶层社会解体成为世界级现象，发达国家之所以建设成了中产阶层社会，关键是其社会保障和社会福利制度在托底，随着各国减税政策的出台，社会保障和社会福利制度也将陆续受到影响，中产阶层社会也随之垮塌。

③ 政府债务向民间债务转移

政府债务堆积到一定程度之后，必然会想出各种脱身之策，政府往往会以市场化的形式将债务向民间转移。例如，当美国小布什政府削减政府保障房项目之后，鼓励穷人贷款买房就是明显地将政府债务向民间转移。政府削减教育支出后，学生也需要靠贷款来完成自己的学业。

十、政府债务危机对经济的系统性影响

政府债务不仅会产生直接危害，还会产生间接危害，也就是对经济的系统性影响，这种系统性影响主要是通过对"央行利率"的影响传导的。债务与央行利率是"螺旋"关系，政府债务会影响央行利率，央行利率又会影响金融投资，金融投资又会影响经济创新，这部分内容也是政府债务型经济危机的重要组成部分，笔者将在下一篇中进行详细讲解。

第八篇

"债务—创新"传导理论与宏观
经济学"通论式研究"新范式

——"政府债务–央行利率–金融投资–经济创新"
之间的传导机制研究

1936 年，凯恩斯将其新出版的著作命名为《就业、利息和货币通论》，这被称为宏观经济学的开端。凯恩斯经济学形成后，其他"通论式"的宏观经济学研究相继被雪藏，经济学江湖被凯恩斯"一统天下"。本篇重新梳理了宏观经济学中"通论式研究"的历程，并提出了新的"通论式"宏观经济思想体系，即"政府债务－央行利率－金融投资－经济创新"传导机制理论，这个理论是本人曾经提出的"新财税主义宏观经济学"的一部分，新财税主义宏观经济学可以将政府债务、财政财税、金融投资、经济创新纳入一个宏观经济模型中研究，可以算是宏观经济学的一种新范式。

一、通论式研究与宏观经济学思想体系的形成

凯恩斯本人虽然被称为"宏观经济学"之父，但是凯恩斯经济学并不是从宏观经济学的空白中诞生的，而是从经济学论战中胜出的。凯恩斯继承维克塞尔的思想主要是通过翻译维克塞尔的著作获得的，后来，随着大萧条的深化以及哈耶克的挑战使凯恩斯很快就放弃了对维克塞尔宏观思想体系的维护，转而开始探索自己的思想体系，这就是后来的《就业、利息和货币通论》以及由《就业、利息和货币通论》衍生出来的凯恩斯经济学。其实，与凯恩斯经济学同步形成的还有费雪的思想体系，费雪的思想也是宏观经济学中非常重要的一支。

"通论式研究"历来是宏观经济学的一大特色。"通论式研究"就是将至少三个或是三个以上的宏观经济变量融合在一个理论中进行研究，比如庞巴维克的思想体系构建的是"利率－生产－经济周期"之间的关系，维克塞尔构建的是"利率－投资－通胀－经济周期"之间的关系，凯恩斯构建的

是"储蓄-投资-收入-经济周期"之间的关系，费雪构建的是"债务-利润-货币-经济周期"之间的关系，他们都不只研究了一个经济变量或经济现象，而是将多个经济变量构建在一个模型中，他们这种"通论式研究"在宏观经济学中反而是主流。这是由宏观经济学自身的特点决定的，宏观经济学本身就是一个体系，这与微观经济学不同，微观经济学是由多个相互独立的板块组成的，这些板块之间没有关联，冲突也不大，比如价格理论、竞争理论、信息理论、行为理论本身都是相互独立的研究分支，这些研究分支合到一起就构成了微观经济学。而宏观经济学则不同，投资、消费、利率、通胀、债务这些问题本身就是相互联系、相互影响、相互传导的，宏观经济学研究的本质就是要弄清这些变量之间的相互影响关系，因此宏观经济的自身特征决定了宏观经济学研究必然是"通论式研究"。

当然，现在的宏观经济学研究还远远谈不到完善，关键是还有很多经济变量没有被引入到宏观经济模型中，比如"金融机构"就没有被引入宏观经济模型中。关于这一点，海曼·明斯基、帕特里克·博尔顿等学者都有论述，中国社科院学者张晓晶甚至将"如果把金融找回来"当作是形成宏观经济学新范式的主要使命，是宏观经济学的"自我救赎"。其实，除了金融机构之外，政府债务、财政税收、经济创新也没有被纳入宏观经济模型中，而且这比"金融缺失"导致的问题还严重，比如现有宏观经济学无法解释2008年全球金融危机的爆发并非没有引入金融机构，而是因为没有引入财政税收和政府债务问题，因为现代人类面临的债务危机，从根本上是政府债务导致的，私人债务只是政府债务的转移而已。

我在新财税主义宏观经济学中曾经提出了一种新的研究框架，我将其命名为"政府债务-央行利率-金融投资-经济创新"的传导机制，简称"债务-创新"传导机制，这是一种新的"通论式研究"，主要研究的是政府债务对央行利率、金融投资和经济创新的影响。通过这个传导机制的研究，我们将会对宏观经济学形成一个新的认识。

二、政府债务与央行利率之间的传导关系

政府债务与央行利率之间表面上看不存在什么关系，但实际上关系很大。一个国家的央行实行什么样的货币利率并不是完全自由的，而是由其政府债务水平决定的。因为央行的利率水平决定了一个国家的政府债务利息支出，一个国家的央行利率水平越高，这个国家的政府债务利息支出就越多；一个国家的央行利率水平越低，这个国家的政府债务利息支出就越少。政府如果负债过高，这个国家的央行就不能随意提高利率，因为一旦提高利率，政府债务就有随时崩盘的风险。也就是说，一个国家的最高货币利率必须在其政府债务所能承受的范围之内，一个国家央行利率的天花板是这个国家的政府债务水平，央行利率会受到国家政府债务的压制。相反，一个国家的政府负债越低，央行利率政策越自由，随着政府负债的扩大，政府可以承受的利率会越来越低，当负债大到一定程度时，央行就必须实行零利率。政府借债与民间借债最大的区别是，政府可以制定利率，而民间不能，所以当一个国家发生政府债务危机时，往往会通过不断降低利率来延缓债务危机。

1."政府债务－央行利率"螺旋的形成

不仅政府债务可以压低央行利率，同样，央行低利率也可以助长政府债务，比如西方国家实行的"量化宽松"货币政策就会将国家推向债务深渊，因为各个国家的政府都会趁着低利率疯狂地扩张债务。"政府债务－央行利率螺旋"中，"政府债务"与"央行利率"相伴而生，相互影响，相互增强，而且是单向运动的，只能朝着政府债务越来越大，央行利率越来越低的方向发展，短期内几乎是不可能走出来的。因为要走出这种困境，除非是政府主动缩减债务，这是很难做到的。如果是央行通过提高利率迫使

政府缩减债务也同样非常困难，最后的结果就是央行利率长期被锁定在零利率边缘，一直持续下去，这种状态我们称为央行利率被政府债务"锁定"。"政府债务－央行利率螺旋"对经济造成的深度危害，我们称为"政府高债务－央行低利率陷阱"。一个国家一旦掉入这个陷阱就会非常危险，因为政府高债务的危害会通过央行低利率传导到社会各个层面。市场经济是存在一个货币的"自然利率"的，"政府高债务－央行利率低陷阱"的危害就是会将市场利率长期置于自然利率之下，会导致自然利率与市场利率的长期偏离，这会形成整个金融市场利率的长期性扭曲。

2."央行独立不可能性"原理

各国央行虽然都宣称有一定的独立性，但央行只有制定货币政策的权力，而没有管制政府债务扩张的权力。当政府债务扩张到对央行的货币政策形成"压制"的时候，央行必须被动接受这种来自政府债务的压制。一些国家的央行虽然表面上拥有货币政策的自由裁量权，但最终都会"顾全大局"向政府财政部门妥协。因为央行的重要职责就是维护经济稳定，央行不能看着政府财政崩盘，因此从根本上说央行并不能完全独立，其货币政策也并不完全自由。我们将这种因政府债务扩张导致的央行不能独立执行货币政策的现象称为"央行独立不可能性"原理。

三、央行利率与金融投资之间的传导关系

当政府债务的危害传导给央行利率后，央行利率马上就会将这种危害传导给金融机构。关于央行货币政策与金融投资之间的传导关系，本人主要通过"货币政策与金融机构之间的激励相容"理论进行阐述，在这里我们先对金融机构进行一下分类。我们将金融机构分为投融资性金融机构和投机性金融机构，前者主要是指直接服务实体经济的信贷类金融机构，后

者主要是指证券交易及衍生品交易类金融机构。

央行发出的货币并不能直接进入实体经济，必须经过投融资性金融机构才可以被输送到实体经济。在货币输送的过程中，金融机构并不会被动地充当货币的输送渠道，他们也有自己的利益考量。投融资性金融机构输送货币的积极性主要受到货币利率的影响，他们是"高利率偏好"的，利率越高，这类金融机构从事货币供给的业务积极性越高，这时我们称之为货币政策与金融机构是激励相容的。相反，利率越低，投融资性金融机构从事货币供给的业务积极性越低，这时我们就将之称为央行货币政策与这类金融机构的激励是不相容的。那些从事证券交易、衍生品交易的投机性金融机构则相反。投机性金融机构是低利率偏好的，利率越低，投机性金融市场越繁荣。但这类金融市场的繁荣对实体经济投资帮助不大，经济危机时需要增加的实体经济投资主要依赖于投融资性的金融机构。

高利率对投融资性金融机构积极性的激发，我们称之为"利率激励"，投融资类金融机构从事货币贷款的积极性是货币利率的正函数。为何投融资性金融机构需要利率作为激励呢？第一，投融资性金融机构本身是中介，并没有自己的资金，他们的资金都来自募集，最终来源是民众的储蓄或理财资金，利率越高，民众储蓄或理财的积极性就越高，这时金融机构就越容易募集到资金，相反，低利率货币环境下，民众不愿意储蓄和理财，而是更愿意借贷消费，金融机构就很难募集到资金；第二，为实体经济服务的投融资性金融机构的利润主要来自"利差"，只有高利率的货币环境才可以为投融资性金融机构创造出"高利差"，只有在"高利差"的驱动下，金融机构才有足够的积极性去从事金融放贷业务，才可以对实体经济形成有效的支持，相反，如果货币市场整体利率很低，投融资性金融机构没有利差空间，那他们就不会从事货币供给工作；第三，金融机构从事投融资业务也是有风险的，金融机构需要一定的利润去覆盖风险，如果社会整体利率不高，金融机构的利润都无法覆盖风险，他们也就不愿意去从事货币供给工作，实体经济也就得不到资金。

传统货币研究是跛脚的，只关注货币的需求方——企业的利益，因为企业是"低利率偏好"的，利率越低越好，因此每次经济危机时，各国央行都将货币利率降到最低，这种理论是有误区的。央行制定货币政策时不仅要考虑货币需求方的利益，也要考虑货币的供给方——投融资性金融机构的利益，货币能否到达实体经济并转化为投资，这需要供需双方的共同努力。仅仅有货币需求，没有货币供给也是不行的，如果忽略了货币供给机构的利益，货币政策就会出现失灵。当一个国家的债务高到一定程度后，这个国家就只能实现低利率，甚至是零利率，但货币低利率是与投融资性金融机构激励不相容的，会过度伤害投融资类金融机构的利益，"零利率"货币政策对投融资性金融机构是毁灭性的打击，会导致社会融资的不畅。

四、金融投资与经济创新之间的传导关系

政府债务可以影响到央行利率，央行利率可以影响到金融投融资，而金融投融资又可以影响经济创新。"金融投资"向"经济创新"的传导主要是通过金融投资中的"创新投资"传导的。因为创新是需要金融资本支持的，当然现代社会的创新已经与熊彼特时代不同，熊彼特时代支持创新的主要是银行，而现在支持创新的主要是股权投资机构，股权投资机构同样也会受到央行利率的影响。

创投机构的资金不仅仅来自社会高净值人群，更主要来自于其他金融机构。低利率下，人们更倾向于将资金用于消费，而不是储蓄和投资理财，大部分金融机构都会存在资金募集困难的问题，创投机构在这种环境下也受到拖累，而"创投资金"的规模则直接关系到一个国家创新的成败。因为对于一个国家的创新来说，创新资本的数量是最重要的，有足够多的创新资本的支持，创新才有保障。一个国家如果整体利率水平比较高，民众

储蓄理财的积极性就比较高，各个金融机构都资金充裕，创投机构也很容易募集到资金，创新型企业就会成长得非常快，相反，当一个国家实行低利率或被迫实行零利率的时候，这个国家的金融机构就很难募集到资金，"创新资本"的总量也会随之大幅下降，这个国家就很难会出现大规模创新，因此，笔者提出"零利率也就意味着创新的死亡"。

"创新资本"对一个国家创新的作用非常重要，创新资本可以促进新诞生的技术迅速走向应用，这个阶段才是最重要的。基础性技术进步全球是共通的，也几乎是同步的，世界各国唯一不同的是将技术进步转化为生产力的速度和能力，这就是看哪个国家的创新企业可以得到更多的创新资本的支持。创新资本的作用就是推动技术的快速应用，技术应用才可以产生生产力，才可以实现一个国家的"创新式增长"，而创新资本的募集需要高利率货币环境做基础。

五、综述"政府债务－央行利率－金融投资－经济创新"传导机制

综上所述，一个国家从出现政府高债务到国家出现低创新之间的传导机制是：政府债务大到一定程度时，央行就会通过不断降低利率来拖延政府债务危机，最终走向零利率的货币政策。零利率成为长期性货币政策之后，投融资性金融机构开始出现资金募集困难，作为金融机构之一的股权投资性金融机构也会同时出现募资困难，最终无法支持创新，导致一个国家创新的衰落，从而出现经济增长的停滞，这就是政府债务危机导致创新衰落，乃至国家衰落的传导关系。政府债务高的国家往往会出现"政府低投资、民众低福利、银行低储蓄，货币低利率、企业低创新、经济低增长"等宏观经济特征。日本是债务最高的国家，因此这些特征在日本最先出现，表现得也最明显。

全球政府债务危机将使世界经济"日本化"，人类如果不进行一轮彻底

的财税改革，世界债务型经济危机将会长期化。目前，日本经济所经历的"政府债务性萧条"的所有经济特征最终都已经陆续出现在其他实行零利率的国家里。"量化宽松"货币政策则会助长这种危害的传导。因为"量化宽松"带来的低利率会导致政府债务的快速扩张，"量化宽松"也会因为低利率与投融资性金融机构的激励不相容而导致无法增加社会投资，"量化宽松"货币政策是失败的。

相反，一个国家如果政府债务率比较低，而且也不实行"量化宽松"这样的货币政策，这个国家就可以维持较高的货币利率，这个国家的投融资性金融机构也会保持比较高的积极性，这个国家的创投机构也会很容易地募集到资金，这个国家就可以很好地实现"创新式增长"，这才是一个国家宏观经济的良性循环。如果一个国家遵循这样的经济发展路径，其前途是可期的。但一个国家的政府不出现高债务是很难做到的，这最终需要财税改革支持。

在现代经济学中，政府债务、央行利率、金融投资、经济创新这些都是分开研究中，但在我的"政府债务–央行利率–金融投资–经济创新"传导理论中，它们则是一个相互关联的整体。理解了"政府债务–央行利率–金融投资–经济创新"之间的传导机制可以从更深层次解释政府债务危机的危害，也可以让我们更科学地看待宏观经济，这也是对宏观经济学进行"通论式研究"的一种新范式。

第九篇

新财税主义宏观经济学

当前世界上比较主流的经济学派，如凯恩斯学派、奥地利学派、供给学派、货币学派四大学派，都缺乏对政府债务危机的研究，然而随着世界各国政府债务危机的加重，人类必须进行财税改革才可以解决政府债务危机。本篇提出"新财税主义宏观经济学"的概念，指出了人类税收发展规律、人类税收提升的空间所在以及中国税收改革的"七增七减"策略，并从凯恩斯经济学与罗斯福经济学的区别论证了财税改革的必要性。

一、新财税主义宏观经济学对税收问题的总体看法

1. 一个国家的财税水平必须与这个国家的经济发展水平相适应

新财税主义宏观经济学认为，一个国家的财税水平必须与这个国家的经济发展水平相适应。一般农业国家的财政税收占到该国 GDP 的 10% 左右是合适的，中国和古代的欧洲都是这种状况。工业化初期的国家，财政税收占到 GDP 的 20% 左右是合适的，非洲和南亚的一些贫穷国家仍然处于这样的税收水平。一个全面工业化的发展中国家财税税收占到 GDP 的 30% 左右是合适的，一个国家达到了中等以上收入国家水平，财政税收一般要占到该国 GDP 的 40% 左右，这也是中国目前应该达到的税收水平。发达国家的税收一般占到 GDP 的 50% 左右，北欧等高福利国家甚至更高。

有人认为美国、日本的税收没有达到 50%，这只是各国统计口径的问题，如美国的医保是私有化的，并没有纳入社保税的统计范围，但人们仍然要缴纳远比国家社保高得多的医保费用。美国存在众多的私立学校，这

也没有纳入财政支出的统计口径。例如，日本的社会保障缴费很多也没有纳入宏观税负统计，而中国的财政支出统计口径则过大，如中国的事业单位、商业团体、科研单位都是有编制的，甚至连不少的清洁工都是有编制的人员，导致中国财政支出统计口径过大。

2.随着国家经济发展水平的提高，税收必然会呈现不断升高的趋势

新财税主义宏观经济学认为，随着人类经济发展水平越来越高，财政税收必然会呈现不断升高的趋势，政府必须不断地改革国家的财税制度来适应经济发展水平的提高与财政支出的加大。回顾人类历史，第一次工业革命之后，在频繁经济危机的压力下，人类建立了社会保障体系；第二次工业革命之后，人类建立了社会福利体系，财政税收都相应地进行了大幅提高。

3.经济危机是国家的财税水平与经济发展水平不相适应的结果

新财税主义宏观经济学认为，一个国家发生经济危机往往是该国的财税水平满足不了其经济发展水平的结果，而一个国家发生经济危机之后还认识不到这点的话，就会导致经济危机长期化。短期的经济危机将会变为长期的经济萧条，直到这个国家的财税体系得到根本性变革为止。当然，这种变革一般是要将这个国家的财税水平提高到这个国家对应的发展阶段所需要的水平。

4.一般人类爆发一次科技革命，就要调整一次财税结构

2008年全球经济危机发生前，人类发生了第三次科技革命。前两次科技革命之后，人类都进行了财税调整，但第三次工业革命至今，人类没有进行大规模的财税调整，所以产生了经济危机，人类走出本次经济危机也要靠财税体系的调整，人类又到了财税体系革命的时刻。

5.产业升级与财税升级都应该成为一个国家经济发展的常态

在新财税主义宏观经济学中，我们将经济发展概况为两个升级，即"经济发展=产业升级+财税升级"，两者缺一不可。其中，产业升级对应的是经济增长，财税升级对应的是社会发展，两者只有同步升级才可以相得益彰。如果只进行产业升级，不进行财税升级，产业升级也会成为无源之水，无本之木，产业升级与财税升级都应该成为一个国家经济发展的常态。

6.财税调整并不完全是税率的调整，更体现为税收思想与征税方式的革命

人类的税收调整，不是要提高税率，而且税率也不能提高，而是要调控税收结构，开辟新的税种和征收方式。经济发展会有很多新的业态出现，都可以为税收开源提供基础，比如美国首创的燃油税就支撑美国建成了完善的高速公路体系，一直沿用至今。新的税收可以支撑新的经济发展，这是良性互动的。

新财税主义宏观经济学主张的财税改革本质是财税制度的创新，而不应该像美国的民主党、共和党那样频繁地在税率上来回调整。

应该将消费税升级为"社会资源消耗税"

消费税在发达国家虽然是一个很普遍的税种，但是中国征收消费税比较困难，民众消费为何要交税？但"开征社会资源消耗税"和"超额社会资源消费税"却是比较正当的，因此笔者建议将消费税改为"社会资源消耗税"来征收是合理的。

社会资源消耗税与消费税从征收上区别不大，但是从本质和内涵上来说却完全不同。消费税是对居民的购买行为征税，而社会资源消耗税则是指对民众的社会资源消耗行为进行征税，两个税种针对的是两种不同的行

为，因此征收消费税和征收社会资源消耗税的目的与本质也就不同。

当然，社会资源消耗税与资源税也不同。资源税是向开发与销售自然资源的行为人征税，而社会资源消耗税则是向消费社会资源的行为人征税，社会资源税的含义更广，社会资源不仅包含自然资源，也包含其他资源，比如公共产品资源等。

征收社会资源消耗税有利于社会资源的节约，杜绝过度的铺张浪费。现代社会，民众消费的资源许多都是不可再生的，至少是短期内不可再生的，因此适当减少社会资源的不必要浪费是必须的。

征收社会资源消耗税从根本上并不会抑制消费。首先，从发达国家的经验来看，发达国家已经普遍征收消费税，并没有造成消费低迷；其次，按经济学家弗里德曼的分析，消费是由人的恒久收入决定的，其他因素影响不大。

社会资源消耗税的征收对改善城市基础设施、改善人居环境、改善市民福利、维护社会公平都是有用的。在美国，一般是越发达的州消费税越高，越穷的州消费税越低，而消费税越高的州，越有能力进行社会投入，经济发展得反而越好，消费税越低的州反而没有投资的资金，只能变的更穷。

美国即使有了消费税，跨州消费也不会是主流，因为州与州之间毕竟需要交通费用，如果中国实行消费税的话，全国统一税率，也不会出现跨省消费的情况，而跨国消费完全可以通过补税来管理。

二、人类进入工业社会之后的财税升级规律

人类的税收结构不是一成不变的，而是不断变迁的。根据笔者总结，人类进入工业社会之后，税收结构主要经历了三个大的阶段：第一阶段是工业化初期，以企业税为主的税收阶段；第二个阶段是工业化时代，是以

个人所得税为主的税收阶段；第三个阶段是后工业时代，是以消费税为主的税收阶段。

在后工业时代，消费税成为一个重要税种。因为进入后工业时代之后，工业在社会中占的比重越来越小，服务业占的比重越来越大，特别是享乐型消费、高端消费、奢侈消费开始变得流行起来，因此在这个阶段，消费税成为一个国家的重要税种。

目前，中国还是以企业税为主，我们应该进入以所得税为主的第二个阶段，并且应该开始为第三个阶段的税收做准备。在今天，增值税仍然是中国的第一大税种。根据笔者预测，在未来十年中，所得税将会超越增值税成为中国的第一大税收，而在未来二十年内，消费税将会成为中国的第一大税种。中国应该按照这个演变路径来进行布局。我主张主要用差别化的消费税来增加税收。我的财税创新也主要是针对消费税的创新。我主张用科学化的消费税体系替代现在以个人所得税为主的所得税体系。

消费税是最公平的税收，应该成为未来第一大税种，财税改革的重点也是消费税，而差异化征收消费税则是重要的突破口。因此，我们建议在普遍降低增值税和所得税税率的基础上征收"消费税"。消费税全面征收后，可以借鉴现在中国消费税的征收方式，由经销商缴纳，厂家代为征收。在这方面，中国有着非常完整的实践，可以非常顺利地实行，或是直接向所有商品开征消费税。

消费税不仅是对物质产品的税收，服务业也应该征收消费税，因为随着经济发展，服务业才是消费的主要内容。

三、新财税主义的税理思想：人类未来的增税空间在哪里？

社会发展会造成社会问题，解决社会问题的方案也孕育在这些社会发展之中。笔者将社会发展总结为"四大升级"，分别是消费升级、科技升级、贫富差距升级和政府服务升级。这四大升级造成了人类现在所面临的社会问题，同时也为增加税收解决社会问题提供了空间。

1.消费升级为增税提供了空间

现代社会，经济发展的一大特征就是消费升级。我们可以把消费分为"生存型消费""享乐型消费"和"奢侈型消费"三大类。人类经济进步的核心特征是"生存型消费"所占的比重越来越低，而"享乐型消费"和"奢侈型消费"所占的比重则越来越高，后两者就可以增收消费税。

对于消费税，笔者不主张通过界定品类来征税，而是主要通过界定品牌来征税。当一个国家发展到一定程度后，品牌消费成为大众消费的典型特征，因此完全可以按品牌定位制定不同的税率。例如，在中国，化妆品一直征收比较高的税收，但是很多化妆品是大众消费水平，而非奢侈型消费品，我们向化妆品中的奢侈品牌征税即可。

2.科技升级为增税提供了空间

科技进步也是现代社会的一个重要特征。科技进步一般会从两个方面导致物价下降：一方面是产品生产的机械化、自动化程度升高，导致产品生产成本的下降；另一方面，科技成熟也可以让很多产品降价，因为科技成熟的产品不再需要大规模的研发投入。例如，我们可以根据产品机械化程度的不同，把产品分为劳动密集型产品和机器密集型产品，劳动密集型产品的价格会越来越高，机械化大生产的产品会越来越廉价。

我们可以根据产品研发投入的比重分为高科技产品和技术成熟型产品。高科技产品需要大量研发投入，会很贵，而一旦技术成熟，就只需要很低的生产成本，价格就会变得非常便宜。对于那些技术成熟，价格不断变低的产品就可以适度征税，而不会影响人们的生活水平。

3.贫富差距升级为增加税收提供了空间

社会发展带来的后果是贫富差距的扩大，而不断扩大的贫富差距也可以为政府提供征税空间，因为不同收入水平的人对社会资源的消耗差异也越来越大，富裕人群对社会资源的占有远远超出社会平均水平，对于那些占据社会资源超出平均水平的占有行为可以多征税，也即征收超额资源税。

4.政府公共服务升级为政府收费提供了空间

我们前面讲过，经济分工的扩大也会导致政府分工的扩大，政府为社会提供的公共服务并不应该都是免费的。政府应该只为那些有利于消除社会不平等的、有利于建立社会公平的服务免费，如公共教育、公共医疗等，而那些为不特定群体服务的，或是为商业企业服务的政府行为都可以收费。随着政府服务越来越多，可以收费的空间也在增加。这些政府服务收费，可以很好地弥补公共财政的不足。政府提供的是公共产品，但有些公共产品在使用上是可以分割的，就可以收费。

四、新财税主义改革建议："七增七减"的财税改革方案

1.增加享受型产品和奢侈型产品的税收，降低生存必需品的税收

政府可以根据不同的行业、不同的产品制定不同的税收标准。我建议将各种产品分为"生存必需品""享乐型产品"和"奢侈型产品"三类，应该提高享乐型产品和奢侈品的税收，降低生存必需品税收。

奢侈品税收的征收应该改为主要按"品牌"征收。主要做法是对各类商品进行品牌认定，某个商品品牌一旦被列入奢侈品品牌目录，则征收更高的税收。很多品牌可以全品牌直接划入奢侈品的行列，如奔驰、奥迪、

宝马等豪华汽车、苹果手机以及一些奢侈品牌的服饰、珠宝、化妆品等，这样划分之后增税的空间非常大，既可以避免社会资源的浪费，也可以增加大量的税收，而那些生存必需品则可以实行普通的税收，甚至适度减税、免税。

在经济学上，奢侈品不符合价格曲线，增加税收并不一定会降低销量。奢侈品认定对商家也有好处，等于是对商品品质和定位的背书，商家也不一定会反对。

有人认为，现在中国奢侈品的价格比国外还高，但这是商家的定价策略所致，而非税收所致，而且现在这些产品虽然价格很高，但是人们的消费热情却不减，所以增加税收也并无不可。至于海外购物也可以通过补缴税收来解决。

2.增加成熟工业品税收，适当降低高科技产品税收

笔者建议将工业品分为技术成熟型产品和新型科技产品。对于技术成熟型产品可以适当提高税收，因为成熟工业品需要投入研发的费用非常少，只有生产费用；而新型科技产品则需要持续的研发投入，而且需要面临全球技术竞争，可以降低税收，鼓励创新。

成熟产品，价格极其低廉，可以适当多征收税收；高科技新产品研发投入大，可以减税，促进其技术成熟。

3.增加机器密集型产品税收，降低劳动密集型产品税收

对于产品，我们还可以分为机器密集型产品和劳动密集型产品，劳动密集型产品可以适当减税，机器密集型产品可以适当增税。因为根据经济学规律，对于那些已经实现机械化大生产的产品，劳动生产率会变得非常高，价格也会变得非常便宜，即使适度提高征税标准，价格也可以承受，如一台电视机1000元，征税50%，价格升高到1500元，人们照样买得起。

而对于劳动密集型产品，如服装、鞋帽则可以降低税收。如一双女士皮靴的价格比一台彩色电视机的价格还要高，其背后的原因就是电视机是机械化生产，而皮靴更多需要手工劳动。因此对于服装、鞋子等劳动密集型行业就可以减征税收。如中低端餐饮和理发等行业也可以降低税收，服装费用在现代人的生活开支中占比很大，很多白领人群极易成为"月光族"，就是因为服装、餐饮这些劳动密集型产品或服务在其生活中的开支占比过大。

4.增加政府公共服务收费，降低企业增值税和所得税等税收

笔者建议政府有些服务也可以适当收费，政府服务有些是面向大众的，比如义务教育，这些可以无差异享受的服务，而且可以促进社会公平的服务可以不收费，但是对于一些并非所有人都享受，主要面向特定人群的或是面向某些行业，可以由受益人缴费，而企业缴纳的增值税和所得税等税收可以适当降低，以保护企业生产的积极性。

5.个人所得税地方化，降低个人所得税税率，增加纳税群体，成为支撑地方财政的重要税种

现在，土地财政日益枯竭，不能再支撑地方政府的财政。我认为应该用个人所得税来代替土地财政，中国的个人所得税还有很大的提升空间。在美国，个人所得税也是第一大税种，中国现在个人所得税之所以征收有限，一个重要原因是全国实行统一的标准，导致对大城市白领人群不公平。

各地经济发展状况不同、工资水平不同、物价水平不同，因此个人所得税不应该再"一刀切"，应该地方化，由地方人大制定标准。大城市工资高，但是消费也高；小城市工资低，但消费也低。个人所得税的起征点应由地方人大确定，将个人所得税变成一个支撑地方财政收入、服务地方建

设的重要税种，这样就可以弥补地方土地财政枯竭后的政府支出问题。中国缴纳个人所得税的比例可以像美国一样占到就业人口的70%以上。

6.降低能源、资源税，开征"超额资源税"

资源、能源的价格关系到企业的国际竞争力，也关系到老百姓的生活，因此在资源税和能源税上可以降低征收。但是我们可以开征"超额资源税"，对于那些占用社会资源远超出社会平均水平的群体进行额外征税。当然，在实际征税中可以根据行业不同，采取不同的税收名称，如在房地产行业我们就可以称为"超额房产税"。中国的房产税一直有征收的必要，但是一直没有落地，就是因为房地产税这个名称本身就容易遭到抵制，如果采用"超额房产税"，对于购房面积超过人均住房面积的征收超额房产税，则可以非常容易地获得人民的支持，也更加科学。

7.增加因经济周期或经济政策而出现暴利的行业的税收和降低因经济周期或经济政策亏损行业的税收

宏观经济、产业经济、金融经济都是有一定周期的，受周期因素影响，有的行业整体暴利，有的行业整体亏损，但无论是暴利还是亏损可能都与企业家的经营能力关系不大，应该对暴利行业增加税收，对亏损行业减免税收。比如房地产行业曾经是暴利行业，其时就可以提高税收标准；金融行业也经常是暴利行业，也可以提高税收标准。暴利行业带有一定的周期性，可以动态调整。

五、罗斯福新政的成功经验在财税改革

罗斯福新政是目前人类有效解决大萧条的成功实验，其经验弥足珍贵。对于罗斯福新政的成功，人们往往将其归因于凯恩斯主义，但根据我的分

析，美国走出大萧条，并不完全是因为凯恩斯所主张的赤字投资政策，而是因为罗斯福重构了美国的财税体系，这是凯恩斯主义经济学中所不具备的。

现在维持美国财政收入的第一大税种——个人所得税和第二大税种——社会保障税都是在罗斯福新政时期建立起来的。在大萧条之前，个人所得税在美国是一个可以忽略不计的税种，只有少数人才交。罗斯福新政之后，个人所得税成为美国的第一大税种。在大萧条之前，美国没有社会保障税，大萧条后，社会保障税成为美国的第二大税种。有了这两大税收做基础，美国政府才有充足的财政资金投资于社会保障建设。"二战"之后，美国的艾森豪威尔又通过设立燃油税，为美国第二次腾飞奠定了基础。美国目前的财税体系仍然是罗斯福新政时期建立的，笔者称之为"罗斯福财税体系"。罗斯福的财税改革不仅帮助美国走出了经济危机，而且奠定了战后美国长达30年的黄金时代。

六、"罗斯福经济学"与"凯恩斯经济学"的核心区别

既然罗斯福新政采用的不是凯恩斯主义经济学，那么两者之间有何区别呢？罗斯福新政的改革思想，我们称之为"罗斯福经济学"，以区别于凯恩斯主义。到目前为止，在经济学界很少有人探讨罗斯福主义与凯恩斯主义的区别。笔者认为两者具有根本性的不同。凯恩斯是赤字主义者，罗斯福是财政平衡主义者。

罗斯福拯救大萧条是按他自己"加税＋投资"的思路进行的，而没有采用凯恩斯"减税＋投资"的方法，因此拯救大萧条的是罗斯福经济学，而不是凯恩斯经济学。

凯恩斯赤字政策是否可行呢？我认为拯救大萧条需要动用的资金太多，仅仅靠财政赤字根本无法支撑，大幅赤字最多维持两三年就会达到极限，

如果再同时减税，就必然会将政府同时拖入债务危机。在比较严重的经济危机面前，凯恩斯经济学根本无济于事。因此，凯恩斯经济学只能拯救小萧条，拯救不了大萧条。例如，中国也经历过一些经济危机，完全可以用凯恩斯的周期性投资政策解决，而如果遇到的是百年一遇的长周期危机，如果还用凯恩斯经济学的赤字投资政策就会出现失灵的情况，而且有可能将政府推向债务危机。

用新财税主义财税体系取代罗斯福财税体系

"社会资源消耗税"是最公平的税种，应该成为未来第一大税种，因此我们建议在普遍降低增值税和所得税税率的基础上征收"社会资源消耗税"。这一税种全面征收后，可以由经销商缴纳，或厂家代为征收，在这方面，中国有着非常完整的实践，可以非常顺利地实行。

当今世界，各国实行的主要是"罗斯福财税体系"，主要依靠个人所得税和社会保障税，消费税在美国已经大面积存在，但也不是主要税种，笔者主张的新财税主义宏观经济学财税体系本质也是区别化的消费税。新财税主义宏观经济学财税体系未来可以取代罗斯福财税体系，成为支撑未来发展的主要的财税体系。

当然，社会资源消耗税的概念，也未必适合各个行业，对于部分服务领域的征税，可以仍然使用"消费税"的概念。

七、建立"公民捐赠账户"制度并与国家救助制度相结合

捐赠也应该是政府公共支出的一大来源。在中国古代，"捐"与"税"并列，是政府财政收入的主要形式。国家或地区具有重大意义的工程可以鼓励民众参与捐款，民间捐赠也可以成为政府举办重大事业的资金来源。在古代，中国县以下的教育、道路、庙宇、祠堂等公共设施，大都是由民

间捐赠完成的。到了现代，一些重大灾害期间，人们也会有自发捐赠行为。其实，对于一些重大的，有公共意义的，带有"国家荣耀"或"地方荣耀"的重大工程都可以鼓励民间参与。例如像奥运会、航空母舰等具有极大全民意义的重大项目，仅仅依靠民间的捐款热情就可以完成，国家根本就不需要那么多的投入。另外，比如连接山东省与辽宁省的海底隧道，连接海南与广东的海底隧道，沪杭磁悬浮高铁等对地方具有极大意义的公共工程也可以采用捐赠的形式募集建设资金。

对于民间捐款可以通过类似古代"立碑树传"一样，给以捐赠者"国家荣誉"作为回报。或是等公共工程完成之后，可以享受一定的免费消费权，这都是可以考虑的方式。比如捐赠高铁修建者，其捐赠费用可以用于冲抵同等金额的车票费用。现在国家重大工程建设普遍采用贷款模式，每年国家财政都要负担巨额的利息，如果可以采用先捐赠，后免费消费的方式则可以省去大量的利息支出，不仅高铁建设适合这种模式，地方高速公路建设、海底隧道建设都适合这种模式，国家可以以这样的方式开通大量的消费类工程项目。

其实，任何一个公民都有将自己的行为纳入国家或民族历史进程的愿望，都想将爱国热情行为化，这也是实现个人价值的一种方式。如果这种参与历史的方式再与一些荣誉或消费权联系起来，多数人都有参与的愿望，很多看似可望而不可即的工程，只要有民间力量的充分参与，就会更快地推进，也可以极大地推进国家发展的进程。

当然，对于重大工程或重大事业的捐赠应该做出严格限制，不能由各级政府随意发起。原则上只能由中央政府或省级政府才能发起，市级或更低层级政府如果要发起，应该由省级政府批准，以免变成对民众的强行摊派，变为另一种负担，但是在互联网监督无处不在的现代社会，强行摊派的空间微乎其微。

建立"公民捐赠账户"制度，实行"储蓄式捐赠"

国家还可以实行"储蓄式捐赠"，建立"公民捐赠账户"制度，完善个人捐赠数据库与信息查询系统，实行全国联网。对于以前有参与过社会捐赠的公民，如果遇到生活困难，都可以根据以前的捐赠金额，按一定比例直接从国家财政中快速无条件、无延时地领取生活救助。这就会让人们在经济条件宽裕时为国家捐赠，在个人生活困难时，也可以及时得到国家的救助。这也是一种个人收入周期的有效调节。比如，我们可以规定公民都可以无条件、无延时地从个人捐赠账户中领取个人捐赠金额50%–70%的个人救助金。这种捐赠直接由国家财政掌管，而不是由民间慈善机构。

"公民捐赠账户"与个人申请国家救助结合起来的方式，还可以帮助公民树立良好的个人资金使用习惯。人通常都缺乏自律能力，如果没有相应的制度支持，个人要想有充足的积蓄是很难的，绝大部分人在面临生活困境时都只能求助于亲友或是高利息向金融机构进行信用贷款，这无形中加大了社会和个人的不稳定性，也为不良金融机创造了向民众吸血的机会。

鼓励高净值人群弃领国家社会保障费用

国家建立社会保障制度是为了照顾大多数民众，而高净值人士或高净值家庭其实是没有太大必要的，我们可以鼓励那些个人经济条件比较好，或是子女经济条件比较好的退休人士弃领养老金。养老金是一个面向大众的制度，但不是每个人都需要。中国有很多企业家、高管或投资人，他们在年轻时就已经实现了财务自由，还有一些人，他们年轻时虽然没有实现财务自由，但是他们的子女非常优秀，已经是财务自由的高净值人群，而且非常孝顺，这些人退休后也没有必要领取养老金。国家应该鼓励这些人放弃领取包括养老金在内的国家社会保障费用，以降低国家财政负担，同时，国家也应该对这些弃领国家社会保障费用的居民给以相应的荣誉，或是直接将弃领的社会保障费用直接划入公民捐赠账户，一旦他们的收入出现变动，还可以从个人捐赠账户中获得救助。

随着人均寿命的延长，社会保障费用已经成为各个国家最大的财政支出。不幸的是，各个国家为了应对社会保障费用不足，一律采取了提高退休年龄的做法，欧洲很多国家都计划将退休年龄推迟到 75 岁。如果有一定比例的人弃领或是部分弃领社会保障费用，那么国家就可以节省下很多社会保障费用，也没有必要搞延迟退休。

企业可以实行自愿捐税

企业家也可以在完成国家税收任务之后自愿多交税，现在国家的税率是根据企业的平均承受能力制定的，对于高利润行业，他们有大量的盈利，对于这些行业，可以鼓励他们采取自愿捐税，也就是在完成国家规定的纳税任务后可以多交税，这一部分多出的税收也可以划入企业捐赠账户，成为企业蓄水池的一部分，等企业遇到困难时，可以从中按一定比例，无条件领取。

总之，笔者主张的公民捐赠都是与相应的荣誉与权利相结合的，不是鼓励大家无偿地捐赠，这种公民捐赠账户与国家救助相结合的制度很大程度上可以做到"公民自助"，未来会成为社会不稳定性和社会矛盾的巨大缓冲器，而且这种制度的建立是不需要太多成本的，国家设计好了，就完全可以依靠智能系统自动完成，不需要人力、物力的投入。

第十篇

内生性通胀与外生性通胀理论

　　凯恩斯经济学派的衰落源于一个长期无法解决的问题，这就是通货膨胀无法与宏观经济实现顺周期的问题。人类最理想的宏观经济情形就是菲利普斯曲线所描述的那样：经济繁荣时有通胀无失业，经济萧条时有失业无通胀。但"滞涨"打破了这一局面。本篇提出了内生性通胀和外生性通胀的概念，其中，内生性通胀完全是与宏观经济顺周期的，可以通过财政政策解决，而外生性通胀则与经济周期无关，需要用产业政策和货币政策有针对性地解决。本篇还计算出了内生性通胀与经济增长之间的计量关系。

一、内生性通货膨胀本质是一种经济增长现象

　　凯恩斯经济学派将通胀区分为"需求拉动型"和"成本推动型"两种，货币学派则将通胀看作是一种货币现象，导致经济学界至今没有统一的货币通胀理论，以至于经济学教材中讲通胀时不得不放到两个章节中讲授。

　　我将通货膨胀分为"内生性通胀"和"外生性通胀"两种。"内生性通胀"是指经济内部因素引起的通胀，本质是劳动生产率提高带来的工资提高导致的，这种通胀与供需无关，与货币因素也无关，这种通胀是正常经济增长必然出现的现象。所谓经济正常增长是企业产能正常扩张能力之内的经济增长。

　　经济过热也属于经济增长，但是不正常的，是指就业饱和之后或企业产能达到极限后的经济增长。经济过热引起的通胀是外生型的，是由资源短缺造成的。

　　"外生性通胀"是由经济外部因素导致的通胀，比如自然灾害、资源短

缺、内部货币超发、外国货币外溢等非经济自身增长因素导致的通胀。外生性通胀也可以分为生产要素短缺型外生性通胀和货币增多型外生性通胀两种。绝大部分外生性通胀是由生产要素短缺引起的，真正货币超发引发通胀的情形极其少见，只有在一些战争、经济危机或极端政治条件下才会出现。

"内生性通胀"和"外生性通胀"都不能轻易动用货币政策进行治理。内生性通胀是经济发展的正常情况，不需要治理。外生性通胀则要辩证治理。如果外生性通胀是由于生产要素短缺引起的，则应该通过产业政策加快生产要素的供给治理通胀，如果外生性通胀是由货币政策引起的才需要用货币政策解决。

在中国，通胀周期经常体现为"猪周期"，通胀跟"猪肉价格"高度相关，而生猪养殖的产业周期却是与宏观周期不相干的。"猪肉价格"引起的通胀需要通过产业政策鼓励生猪养殖，放松养猪用地要求，放宽养猪行业的环保限制等方式解决。由粮食价格、房地产价格引发的通胀也应该用产业政策解决。中国近年实行的部分地区房地产"限购""房住不炒"政策都极大地缓解了来自房地产价格的通胀。

自然资源短缺引起的外生性通胀同样也需要产业政策解决。比如，中国存在石油短缺现象，我们可以利用风能、太阳能对石油加以替代。美国页岩气产业的崛起，也极大降低了美国的能源价格，缓解了美国经济的通胀压力。

货币引发的外生性通胀更多是由货币外溢引发的通胀。2008年后，美国实行的四轮量化宽松货币政策曾经引发金砖国家的大幅通胀，中国当时采取的措施是通过提高存款准备金率建立"蓄水池"。这种做法由当时的中国央行行长周小川提出，社会媒体将其称为"小川池子"。

国家故意超发货币是很少发生的事情，只有在战争时期或国家陷入极端政治环境时才可能出现。美国"滞涨"的发生也有货币超发的因素，但当时美国货币当局是错误运用了弗里德曼的"单一规则"货币政策。少量的货币超发也并不一定会引发通胀，因为货币要通过供需环节才可以进入实体经济。在经济萧条时，供需疲弱，少量货币超发只会引发资产泡沫，不会引起通胀，2008年之后的量化宽松政策并没有引发通胀就是如此。而战争时期的货币超发容易引发通胀主要是由政府购买引起的，而非由私人市场的供需引起的。2022年，美国出现了通胀也主要是因为供应链出现了问题，再加上俄乌冲突等因素所致。

总之，治理"外生性通胀"要辩证施治。大家经常忽略的产业政策在治理外生性通胀时会发挥作用。目前，经济学理论中很少提到用产业政策治理通胀，但这个短板必须补上。中国在利用产业政策治理通胀方面积累了丰富的经验，非常值得总结。

二、内生性通胀原理：正常经济增长为何总会伴随温和通胀？

对于世界上大多数国家来说，经济几乎每年都会有通胀，但其中原因绝对不像货币学派解释的那样是因为每年国家都货币超发，而是因为这些国家经济每年都有增长，当经济不增长的时候，就没有通胀了，这类通胀属于"内生性通胀"，本质是"劳动生产率通胀"。劳动生产率通胀是指由于劳动生产率提高导致工资上涨引起的通胀。

内生性通胀很大一个原因是由劳动者工资上涨造成的。当然，劳动者工资上涨也是因为经济增长。经济增长的基础是劳动生产率的提高，而劳动生产率的提高就意味着劳动者创造价值的提高，劳动者创造价值的提高，劳动者的收入就提高，劳动者的收入越高，劳动力的价格就会越来越贵，而劳动力价格的上涨必然推动商品价格的上涨，内生性通货膨胀就是这么来的。所以，一个国家只要经济不停滞，必然会有通货膨胀，只要是正常的年份，都是通胀的，这也是经济增长的自然通胀率，是内生性通胀的主要来源。

内生性通胀形成的逻辑链条如下：

经济增长→工资升高→用工成本升高→产品成本升高→物价升高。

在经济发展中，会不会出现工资和物价同比例增长呢？一般不会。一般都是工资的增长会高于物价的增长。那工资上涨与物价上涨的缺口去了哪里呢？那就是劳动生产率的提升中节省的劳动。这是因为劳动生产率的提高，企业在生产产品中所需的劳动在减少，这些产品的生产成本会降低，价格当然会降低，比如汽车、电子产品价格就上升得慢，甚至逐步在降价。

一个产品在经济发展中会涨价还是降价主要取决于其劳动生产率的改善情况。劳动生产率改善快的行业就降价，劳动生产率改变慢的行业就涨价，前者可以缓解通货膨胀，后者可以推高通货膨胀。正因为有一部分行业一直在提升劳动生产率，所以通胀才不会与劳动力价格同步提升，社会才可以进步，民众的生活水平才可以提高。而劳动生产率的改善一部分是机械化、自动化程度的提高，另一方面也是因为生产工艺的改良。

因此，经济平稳增长时期的通胀与供给需求没有关系，纯粹是工资推动型的通胀，而工资增长又是经济发展、劳动生产率提高推动的，这种经济平稳时期的通货膨胀也是经济增长造成的，与货币因素无关，也无须治理，也没必要治理。

三、正常经济增长情况下，内生性通胀与经济增长的计量关系

因为内生性通货膨胀的形成原理非常清楚，所以内生性通胀的数值也可以非常容易地计算出来。因为内生性通货膨胀完全与经济增长相关，所以可以一个模型来计算内生通胀情况下的经济增长率与通货膨胀率的关系。在这个模型中，将通胀率等同于劳动成本的增长，并且不考虑企业家的利润等因素。

首先，以劳动生产率提高一倍为假设进行计算，如果劳动生产率增长一倍，即增长100%，那产出增长也是100%。其次，再计算劳动生产率增长一倍时的劳动成本变化。当产出增长一倍的情况下，如果没有劳动生产率变化，那用工成本增长也是100%的，但是由于劳动生产率提高一倍，用工数量降低一半，所以用工成本只增加50%。所以劳动生产率提升一倍时，产出增长率为100%，劳动成本增长率50%。因为在正常经济增长情况下，劳动成本增长率可以视同通货膨胀率，所以内生通胀情况下，通胀率仅仅为产出增长率的50%，用公式表示为：通胀率=GDP净增长率×50%。

在现实中，不仅要计算GDP净增长率，也要计算名义GDP增长率，名义GDP增长率为GDP净增长率与通货膨胀率之和，所以在上面假设中，名义增长率为150%。这样内生通货膨胀率为名义GDP增长率的三分之一，也就是内生通胀率=名义GDP增长率÷3。然而通胀率并不是计算出来的，而是统计出来的，这样也就为计算外生性通胀提供了可能。外生性通胀率则是统计通胀率减去内生性通胀率，即：外生通胀率=统计通胀率−内生通胀率。

四、经济过热性增长引起通胀的原理

本篇内生性通胀分为正常经济增长引发的通胀和经济过热引发的通胀，两者虽然都是内生，但原因不同，经济过热引发的通胀主要是供需引起。

微观经济学里，物价的浮动都与供需有关。当供给大于需求时，物价下跌；当供给小于需求时，物价上升。通货膨胀对应的是价格上升现象，从微观经济学的角度来解释是因为需求大于供给，这里面可能有两种情况，一种情况确实是因为供给太少，另一种情况就是现实需求太大，供给不上。经济增长过快时，社会投资过于旺盛，企业家为了更多地占领市场，所安排的产能扩张规模要高于经济增长的速度，而企业产能的扩张往往伴随着企业的采购扩大，企业产能扩张越多，采购就越多，这会造成基础原材料的供应紧张，如石油、钢铁等价格的上涨，从而造成整个社会的通货膨胀。经济过热过程中的通胀都是这样造成的。

经济衰退时，企业投资需求会下降，就会出现供给大于需求。在供大于求的情况下，物价就会出现大面积下降，经济就会出现通货紧缩。货币只是计价手段。因为很多产品"供给难度"很大，价格提高也不能马上增加生产，让价格得以重新下降，最终只能是一段时间内的高价格，对外就表现为通胀。

这里比较强调"企业的需求"，经济过热性通胀都是企业需求带动的，而非民众需求。石油、钢铁属于"高供给难度产品"，产能扩张则不是那么容易，一个油田或一个钢铁厂从建设到投产往往需要很长的周期，比较容易产生供给不足，因此这些产品最先出现价格上涨。这种价格上涨的根本原因是由"供给难度"造成的。因此每一轮通货膨胀都会出现基础原材料等生产资料的价格上涨，生产资料的物价上涨在经过一个周期后就会传导到生活资料的价格中，就会反映到"CPI"——消费者物价指数中。

对于一个国家来说，面临的绝大多数通胀是内生性通胀，多是因为经济增长造成的。凯恩斯在其《就业、利息和货币通论》中以"就业饱和"为界线，将经济分为"就业饱和"和"就业不饱和"两种状态。市场就业不饱和时，扩大社会需求不会引起通胀；市场就业饱和之后，扩大社会需求会引起通胀。

本篇认为应该增加两个阶段，分别是"企业未达到产能极限"的阶段和"企业达到产能极限"的阶段。政府投资引起的经济需求如果超出了产业产能极限，就会引起通胀。企业产能极限一般出现在"生产资料"市场，因为"生活资料"市场的产能扩张很快，"生产资料"市场的产能扩张则比较慢，最常见的就是石油、钢铁、农业几个市场，生产周期都很长，不容易扩大产能。

凯恩斯的经济划分非常具有"洞见"，但还是存在一种状态，即"就业不饱和，但是社会总需求已经超出了企业产能极限"的阶段，这时仍然会出现通胀。因此增加一个将"企业扩张极限"作为划分经济阶段的标准更科学。

当然"就业"也是"企业扩张能力"的一种，如果"就业饱和"出现在"企业扩张能力达到极限"之前，那"就业饱和"就是界线。如果"产业扩张能力达到极限"出现在"就业饱和"之前，那"产业扩张能力极限"就是界线。因此，宏观经济会有四种状态，第一种是既没有达到"就业饱和"，也没有达到"企业产能极限"的市场状态，第二种是市场已经达到"就业饱和"，但还没有达到"企业产能极限"的状态，第三种是"就业还没饱和"，但是已经到达"企业产能极限"的状态，第四种是既达到了"就业饱和"，又达到了"企业产能极限"的状态。

不管市场先达到了"就业饱和"，还是先达到了"企业产能极限"，都不能再扩大市场需求，不然就会引发比较大的通胀。超出产能极限，或是就业饱和之后的经济增长就是"过热增长"。

五、"通胀—增长定律"——兼破解量化宽松未引起通胀之谜

内生性通胀是一种"经济增长现象"，也可以称为"通胀—增长定律"，其可以分解为两个定律，第一定律是"经济有增长就必然有通胀"，这背后的理论其实就是劳动生产率理论和经济过热性通胀理论；第二定律是在没有市场短缺的情况下，没有增长就无法形成通胀。第一定律不需要解释，几乎每年、每月的经济情况都在验证这个定律，关于第二定律，可以用来解释美国和日本为何实行量化宽松而没有出现通胀的现象。

美国和日本实行量化宽松时，虽然增加了货币，但是这些货币并没有带来经济增长，所以也没有引起通胀。当然，这是建立在货币超发不太多

的情况下，货币超发太多，则属于外源性通胀了。

通过"通胀—增长定律"，还可以得出两个与经济通胀有关的政策建议。第一，有了通胀，不必"紧缩货币"，而是通过"经济降速"就可以治愈。第二，要想形成通胀，必须先形成增长。换言之，要想走出通缩必须先形成增长。第一个主张，主要是针对经济增长过快的发展中国家提出的，比如中国曾经出现多次因为经济增长过快导致的通胀，第二个主张主要是针对那些饱受"通缩之苦"的发达国家提出的。人们虽然警惕通胀，但通缩的危害比通胀还厉害。

破解美国、日本经济的"量化宽松—无通胀"之谜。日本本土经济学家对这种现象给出的解释是"资产负债表"衰退，是指日本经济处于比较长的资产负债表修复时间。但日本距离20世纪90年代的资产泡沫破裂已经二三十年了，即使存在资产负债表修复时间，也早该修复好了。

传统货币理论认为货币宽松容易形成通胀，但这一理论被日本和美国的经济现实否定了。日本和美国都实行了长时期的量化宽松，但并没有出现通胀，这一现象传统货币理论是解释不了的，只有量化宽松没有形成经济增长，没有增长就没有劳动生产率的提高，也没有需求的扩大，通胀就不会形成，这一理论才可以解释。

六、货币学派对通胀的解释为何错误？

美国货币学派创始人弗里德曼有一句名言，"通货膨胀本质是一种货币现象"。而这种说法是错误的。货币超发确实可以导致通胀，但不能一见到通胀就认为是货币超发。大多数通胀是经济增长带来的，而不是货币超发带来的。通缩是经济衰退导致的，是一种经济衰退现象，也与货币少发无关。通胀与通缩分别是经济增长与衰退在物价上的表现而已。不能因为物价是以货币为单位衡量的，就认为通胀或通缩是货币现象。因此，在没有外生性通胀因素影响的情况下，通胀就是一种经济增长现象，通缩就是一种经济衰退现象。只有在外生性通胀因素干扰的情况下，通胀与通缩才会出现与经济增长、衰退的不对应现象。

用货币政策治理通胀，最终紧缩的也是投资需求。当发生通货膨胀时，世界各国的央行往往会通过"紧缩货币"进行应对，这种方法可以起到立竿见影的效果，对此人们往往从"货币数量说"的角度进行解释，因为市场上货币少了，商品的数量不变，自然价格会降低。这种解释从理论上是说得通的，但是货币的作用原理却不是这样的。现实中，用"货币紧缩"治理通胀也是通过供需原理起作用。紧缩性货币政策往往紧缩的是投资。央行加息、提高存款准备金率，最终导致市场上的货币开始减少，企业融资开始变得更难，企业融资困难，导致原来规划的投资不得不缩减，企业需求减小，供给开始大于需求，物价就出现下降。因此通过货币治理通胀，最终也是通过供需机制起作用，也是要通过微观层面起作用的。

但用货币政策进行宏观调控，危害非常明显：第一，货币调控是间接调控，货币是针对所有领域的，货币紧缩没有针对性，无法做到精准，往往会伤及无辜，这也是人们一直诟病货币政策的原因所在。很多正常运营的企业也会受到影响，而且越是优秀的企业，受到的危害越大，因为越优秀的企业投资越多，资金杠杆越大，也就越容易受到货币紧缩的影响。

另外，货币政策作用机制起效时间长，存在时滞性，所以要想达到效果，最终必然出现用力过猛的情况。正常的货币调控应该"拧紧螺丝松半圈"以缓解"时滞"引起的过度调控问题。但现实中，各国央行都不具备这样的意识。所以货币调控往往会将经济推入下行通道，引发经济危机。历史上的经济危机都和货币政策紧缩调控有关系。

货币调控的危害其实弗里德曼早就注意到了，他也认为"货币紧缩"往往是经济危机产生的根源，或是危机加重的根源。但是如果不用货币政策，那用什么来治理通胀呢？对此弗里德曼并没有说清，也就是说，弗里德曼指出了货币政策这副药的毒副作用，却没有研发出一个替代药品，因此弗里德曼的理论不完整。所以一到通胀时期，弗里德曼理论自身是非常矛盾的。

七、结论

凯恩斯学派原有的基于"成本推动"和"需求拉动"的通胀理论只是对通胀的一种过程性解释，而不是着眼于根本原因的解释，这种抽象的过程性解释显然无法涵盖现实中的所有通胀情形，也无法回应滞胀时期对凯恩斯经济学的质疑。而本篇提出的内生与外生通胀理论则可以将现实中的绝大多数通胀情形概括进去，并形成一一对应关系。通胀是什么类型，怎么引起，应如何治理，非常清晰，不仅有利于学者研究，也有利于政府治理，最重要的是，以内生性通胀理论为基础可以重塑菲利普斯曲线的有效性，这也就为凯恩斯主义经济调控措施的实行奠定了理论基础。

第十一篇

中国经济学创新对西方新古典宏观经济学的革命

——谈"货币政策与金融机构激励相容"理论与"公共产品市场非均衡"理论的经济学意义

　　长期以来，主流宏观经济模型缺乏金融模块一直是一大缺憾，对此社科院张晓晶发表文章认为"如何把金融找回来""构筑宏观经济学的金融支柱"，是宏观分析新范式的使命。本篇利用新财税主义宏观经济学中的"货币政策与金融机构激励相容"理论对这一问题进行了回答。"中央银行－金融机构－实体经济"三元结构模型，纠正了传统货币理论默认的"中央银行－实体经济"二元结构模型的缺陷；"公共产品市场非均衡"理论则可以直接指出真实经济周期理论的弊端，这两个理论可以形成对新古典宏观经济学的革命，形成一种中国宏观经济学的新范式。

一、"如何把金融找回来"的"张晓晶之问"

　　社科院学者张晓晶在一篇《为何宏观经济学需要新范式》的文章中坚定地认为，"如何把金融找回来"以及"构筑宏观经济学的金融支柱"是宏观分析新范式的使命，是新范式"最主要的方向"，"主流经济学的自我救赎"就在于"把金融找回来"。张晓晶将"如何把金融找回来"上升到了下一代宏观经济学新范式的高度。发现或提出一个好的问题，向来是经济学理论创新的第一步。"二战"之后，宏观经济学理论创新的"大爆炸"就是从对"菲利普斯曲线"的研究开始的。这项研究以及其相关研究大概持续了三十年的时间，一直到"真实经济周期理论"的提出才基本结束。菲利普斯曲线中涉及的通胀与失业的关系问题就是一个好问题，以至于"二战"之后，宏观经济学领域几乎大部分的重大理论进展都是在围绕这一问题的探讨中涌现出来的。

二、"货币政策与金融机构激励相容"理论

对于"如何把金融找回来的"的"张晓晶之问",笔者在2016年提出的"新财税主义宏观经济学"理论中就给出了答案。"新财税主义宏观经济学"并不是如理论命名那样,是一门专门研究财税问题的学问,而是从财税视角出发构建的一套全新的宏观经济学研究框架,这个框架的核心讲的是"财政税收–政府债务–央行利率–金融投资–经济创新"之间的传导机制,得出的结论是,只有财税改革才可以避免宏观经济中的一系列问题。在诸多传导环节中,非常重要的一环就是"央行货币政策与金融机构"之间的关系。笔者在解释央行货币政策与金融机构的关系时引入了"激励相容"的概念,提出了"货币政策与金融机构激励相容"的理论。"激励相容"是信息经济学中的概念,笔者将其引入货币学研究,不仅可以成功地解决"把金融机构引入宏观研究"的问题,而且可以提供一种审视货币政策的新视角。

"货币政策与金融机构激励相容"理论认为央行发出的货币并不能直接进入实体经济,必须经过金融机构才可以被输送到实体经济,而在货币输送的过程中,金融机构并不会被动地充当货币输送渠道,金融机构输送货币的积极性主要受到货币利率的影响,利率越高,金融机构的积极性越高,利率越低,金融机构的积极性越低。"量化宽松"时代,央行虽然发行了很多货币,但是同时过量的货币也导致了低利率,而信贷类金融机构都是高利率偏好的,因此在低利率货币政策下,金融机构并没有动力将这些货币输送到实体经济,反而会造成实体经济无资金可用,也就是外生货币过多会影响货币内生,笔者将这种央行低利率货币政策与金融机构利益之间的冲突称为"低利率货币政策与金融机构的激励不相容"。

三、"中央银行－金融机构－实体经济"三元市场结构模型

传统货币学派的货币政策研究中是不包含金融机构的，也不考虑金融机构的激励问题，传统货币理论建立的是"中央银行－实体经济"二元结构模型，从纯需求侧出发，我的货币理论中建立的是"中央银行－金融机构－实体经济"三元结构模型，是从货币的供需两侧出发进行研究。在新的货币市场的三元结构模型中，很多原有的理论都会被颠覆。

高利率对金融机构积极性的激发，我称之为"利率激励"，信贷类金融机构是高利率偏好的，他们从事货币供给的积极性是货币利率的正函数。那么，金融机构为何需要利率激励呢？首先，金融机构本身是中介机构，并没有自己的资金，金融机构的资金都来自募集，最终来源是民众的储蓄或理财资金。当然，利率越高，民众储蓄或理财的积极性就越高，这时金融机构就越容易募集到资金，相反，低利率货币环境下，民众没有储蓄或理财的积极性，金融机构就很难募集到资金；第二，为实体经济服务的金融机构的利润主要来自"利差"，只有高利率的货币环境才可以为金融机构创造出"高利差"，只有在"高利差"的驱动下，金融机构才有足够的积极性去从事金融放贷业务；第三，金融机构从事投融资业务也是有风险的，金融机构需要一定的利润去覆盖风险，如果社会整体利率不高，金融机构的利润都无法覆盖风险，他们也就不愿意去从事货币供给工作，实体经济也就得不到资金。当然，我们这里的金融机构主要是指从事实体经济进行投融资服务的金融机构，那些从事证券及金融衍生品交易的金融机构则不在此列，那些机构是低利率偏好的，低利率反而与他们激励相容。

在以前的"中央银行－实体经济"二元市场结构模型中，货币政策只关注货币的需求方——企业的利益，从来不考虑货币的供给方——金融机构的利益，货币能否到达实体经济并转化为投资，这需要供需双方的共同

努力。如果仅仅有企业的货币需求，没有金融机构的货币供给也是不行的。金融机构的货币供给在金融交易达成过程中，至少要起到百分之五十的作用，如果忽略了，货币政策就会失灵。金融机构的货币供给意愿并不是一直都存在的，市场利率很低的情况下，市场利率与金融机构利益不相容，他们就不愿意从事放贷业务，货币供给就会减少。而"量化宽松"货币政策就是在这方面出了问题。"量化宽松"导致的低利率与金融机构激励不相容，并不会导致货币供给的增加，还会导致货币供给的减少。在历次"量化宽松"实施后并没有出现预想中的社会投资大幅增加的情况，而且还因为低利率过度伤害金融供给方的利益，导致内生货币过少，运行货币总量下降。因为量化宽松释放的只是"外生货币"，还必须转化为内生货币才能真正地服务于经济增长，而外生货币向内生货币转化的过程中，金融机构和企业都必须同时努力才行，这当中利率就是决定性因素。

商品市场是"物以稀为贵"，货币市场也是。而量化宽松最大的危害就是将货币变成了"廉价货币"，导致投融资性金融机构失去"贩卖"货币的积极性，当然最后就是量化宽松货币政策的失败。

弗里德曼将大萧条归结为紧缩性货币政策，并希望通过"直升机撒钱"这样宽松的货币政策拯救经济危机，其中最大的缺陷就是忽视了金融机构的激励问题。

现代货币学中，货币需求理论和货币供给理论是割裂的。货币需求理论的缺陷在于都是从民众的角度思考货币需求，而企业和政府才是货币需求的主要角色。理论上的货币供给数值与"有效货币供给"并不是一回事，由存款准备金率决定的货币供给只是一个理论值，在现实中是要受到金融机构制约的。"有效货币供给"的最大化才是我们真正要追求的结果。而货币供给理论与货币需求理论最终也要统一到一个框架之下。

四、只有"最优央行利率"才可以达到"有效货币供给"的最大化

"货币政策与金融机构激励相容"理论是本人将金融体系引入宏观经济研究的一种方式，在此基础上，笔者提出了第四代经济增长理论，认为一个国家能否实现创新式增长则取决于这个国家用于支持创新的"创新资本"的总量有多少，国家竞争最终取决于"创新资本"总量的竞争，而创新资本的募集则需要高利率环境做基础，因为创新资金很多也来源于其他金融机构，金融机构资金募集的难易程度也决定了创新资本的总量。

笔者还在"货币政策与金融机构激励相容"理论的基础上提出了"最优央行利率"的理论。"最优央行利率"是在充分考虑货币需求方和货币供给方利率偏好相反的基础上提出的，笔者提出信贷类金融机构是高利率偏好的，企业是低利率偏好的，央行制定利率政策既要兼顾货币供给方的利益，又要兼顾货币需求方的利益。"最优央行利率"是一个可以实现货币供给方积极性与货币需求方积极性均衡的利率，在这个均衡利率之下才可以达到有效货币供给的规模最大化，除此之外的央行利率，有效货币供给规模都会更小。按照"最优央行利率理论"，央行不能再随意地进行货币调控，而是应该将利率固定在一个最优央行利率上，这个最优央行利率，也可以称为"黄金利率点"或"利率的黄金水平"。

五、从"公共产品市场非均衡"理论看"真实经济周期理论"的错误

新古典宏观经济学还有一派是真实经济周期理论，该理论强调"技术冲击"后市场自动恢复均衡的观点是不完全正确的。首先，市场经济是由

私人产品市场和公共产品市场两部分组成的，价格调节与市场均衡只能发生在私人产品市场，这对公共产品市场是无效的。公共产品的供给会受到政府预算影响，短期可以通过赤字调节，但长期看，受到税收制约，而税收是刚性的，"税收刚性"决定了公共产品市场是很难均衡的，绝大部分时候都处于"非均衡"状态，笔者也将这称为"公共产品的市场非均衡"理论。因此，真实经济周期理论中强调的市场均衡只能是私人产品市场的"局部均衡"，而不是包含公共产品在内的全体市场的"整体均衡"，而公共产品市场的非均衡也是导致经济危机的因素之一，因此完全意义上的市场自动均衡在现实中是无法实现的。

其次，"技术冲击"对社会的冲击不是均衡的移动，仍然是从均衡到不均衡的改变。技术进步会导致私人产品供给的增加。私人产品与公共产品是必须合理匹配的，私人产品供给的增加也会对公共产品的供给提出更大的要求，但公共产品的供给因为税收制约而不能自动增加，这就导致了公共产品市场的供需失衡，因此"技术冲击"导致的仍然是市场不均衡的出现。

新财税主义宏观经济学强调一个国家的市场和谐是建立在公共产品和私人产品的合理"匹配"基础之上，比如我们有多少私人汽车，就需要多少公路；有多少城市人口，就需要多少城市清洁人员，一旦公共产品与私人产品匹配不合理，就会出现经济社会系统的紊乱，这种经济社会系统的紊乱可以表现为交通拥挤、环境脏乱、贫富差距过大、社会风险增加等问题。公共产品与私人产品的"错配"，主要是由公共产品的供给不足造成的，"公共产品供给不足"也可以称为"公共贫困"。公共产品与私人产品属于互补品，私人产品的供给是随着技术进步不断提高的，但是公共产品的供给提高却受到税收制约，不能随便提高，因此一个国家的政府应该经常进行财税改革，保障公共产品的供给与私人产品的供给的及时匹配。公共产品与私人产品的匹配是一个动态的过程，还应该是一个"主动匹配"的过程，公共产品如果不去主动匹配私人产品的增长，公共产品与私人产品"长期错配"就会发生社会紊乱，严重的话会演变成经济危机。

六、"张晓晶之问"与"高连奎之答"

现代宏观经济学的主流是芝加哥学派的"新古典宏观经济学"，分别是货币学派、理性预期学派和真实经济周期理论。在这三个学派中，理性预期学派在行为经济学和信息经济学的攻击下，其微观基础已经瓦解。笔者提出的"货币政策与金融机构激励相容"理论则可以瓦解货币学派，笔者提出的"公共产品市场非均衡"理论也可以瓦解真实经济周期理论。

综上所述，笔者的新财税主义宏观经济学不仅回答了"如何把金融找回来"的核心问题，解决了将金融体系融入宏观经济分析模型的难题，而且提出了超越新古典宏观经济学的新分析范式。除了金融之外，新财税主义宏观经济学还将传统宏观经济学中没有的"财政税收""政府债务"等问题也引入了宏观经济模型。新财税的"新"就在于用宏观的视角看待财税问题，而不是就财税而谈财税。新财税主义宏观经济学从某种程度上也可以称为宏观财税学，或是宏观经济学的财税学派。

第十二篇

"非均衡经济学"四大理论创新

——论供给黏性、生存成本、公共产品、销售者主权对市场非均衡的影响

在西方经济学中，研究不完全市场或市场失灵的理论一直存在，但是这些理论大多是用于证明市场"失德"，而非"失能"，并未对市场均衡理论造成实质性的冲击，导致均衡研究或均衡信仰一直是西方经济学的主流。另外，凯恩斯学派的学者们虽然也进行了一定的非均衡研究，但他们的理论也仅仅是证明了市场局部的非均衡，并未从整体上揭示市场非均衡的本质。**本篇主要阐述本人在非均衡领域提出的四大理论，这四大理论分别是供给黏性理论、生存成本导致工资刚性理论、公共产品市场非均衡理论和销售者主权理论。**通过这四大理论，我们可以实现对非均衡经济学的完善与重塑。

一、凯恩斯之前的非均衡研究

在非均衡经济学这个概念诞生之前，人类已然存在着大量的非均衡研究。客观地说，非均衡研究的出现是要早于均衡研究的，比如马克思就要比瓦尔拉斯年长二十多岁，而瓦尔拉斯提出一般均衡的本意也是要探索出一条与马克思不同的实现社会主义的道路，瓦尔拉斯的经济理论在经济学史上被称为市场社会主义。而且比马克思更早，与萨依同时代的经济学家西斯蒙第就已经提出了消费不足理论，随后马尔萨斯也提出了需求不足理论，这些人都是非均衡研究的先驱，这些早期的非均衡研究主要是存在于经济危机或经济周期理论当中。

在人们的印象中，在凯恩斯之前，是马歇尔的经济学一统天下，事实并非如此。凯恩斯之前，新古典经济时代同时期就已经出现了经济危机理论的大爆发，这一时期比较有名的有瑞典学派的累积过程理论、奥地利学派的迂回生产危机理论、英国霍特里的纯货币经济危机理论、罗伯逊的生产力波动引起经济周期理论等，只是这些危机理论还没等被综合到主流教材中，就已经发生了凯恩斯革命。这些经济危机理论很多是凯恩斯经济学革命的前奏和思想来源。凯恩斯经济学有三大思想来源，分别就是瑞典学派、马尔萨斯和霍特里，其中，瑞典学派的累积过程理论就通过利率与投资关系的阐述揭示了市场经济的非均衡性，是凯恩斯早期经济学著作的思想来源，而马尔萨斯提出的是"需求不足"的经济思想则直接成为凯恩斯《就业、利息和货币通论》一书的思想来源，英国经济学家霍特里最早阐述的货币需求三种动机理论也被凯恩斯吸收，成为凯恩斯学派的货币需求理论。

另外，德国历史学派经济学家瓦格纳也是宏观经济非均衡理论的先驱，瓦格纳最先发现了政府支出与财政税收之间的缺口问题，经济学中将之称为"瓦格纳规则"，笔者在新财税主义宏观经济学中也将他的这一发现命名为"瓦格纳缺口"。这些都是早期宏观经济不均衡研究的重要成果，马歇尔经济学确实是当时西方经济学的主流，但马歇尔的领袖地位更多是基于英国这个国家的强大和剑桥大学的权威地位，单从他的思想本身来说，其深刻程度远远没有以上这些学者显得深刻，而且马歇尔更像是落后于那个时代的人。"二战"之后，这些早期的宏观经济非均衡理论也只能在一些经济危机或经济周期理论的研究专著中找到，在萨缪尔森及后人主编的主流经济学教材中仍然罕有踪影，因为凯恩斯的经济理论最终从风头上盖过了这些理论。这些经济危机理论也有一个共同的缺陷，就是他们都是从宏观角度，主要从货币、心理、技术、生产等角度解释市场经济的非均衡性，因此与以价格理论为核心的，微观的市场均衡理论难以形成正面冲撞，这种情形最终造成了宏观经济学和微观经济学的分野。在微观经济学中，均衡成为主流；在宏观经济学中，研究经济周期成为主流。

在经济学界，一些经济学家总是将一般均衡理论与自由放任结合起来，但这完全违背提出者的初衷，洛桑学派当时提出一般均衡理论其实是为了证明市场社会主义的可行性，是其市场社会主义理论的一部分，瓦尔拉斯本人一直自称科学社会主义者，他认为完全依赖市场的竞争会不充分，所以需要政府干预才可以保障充分竞争。瓦尔拉斯提倡土地和铁路国有，主张对银行、证券进行严格的监管与限制，这与后来人的认识完全不同，但是后来的经济学教材只讲瓦尔拉斯的一般均衡模型，不提他的社会主义信仰和完整理论主张，导致整个经济学界都对一般均衡理论出现了误解，甚至出现了将一般均衡引向自由放任的严重错误，马歇尔本人也反对自由放任，甚至提出那些盲目排斥政府作用的学者不应该被称为经济学家。

二、凯恩斯学派对非均衡研究的贡献

在现代经济学中，从微观上研究市场非均衡是从凯恩斯开始的。凯恩斯的《就业、利息和货币通论》中最早提出了工资刚性、价格刚性的问题，但凯恩斯本人并没有对这些概念进行理论证明，到了20世纪80年代，费希尔、曼昆、耶伦等新凯恩斯主义经济学家将凯恩斯的刚性概念改为黏性，并撰写了大量的论文进行论证，比如费希尔1977年发表了《长期合同、理性预期和最佳货币供应规则》一文，索洛1979年发表了《工资黏性的另一种源泉》，曼昆1985年发表了《小的菜单成本与大的经济周期》的论文，这些人以新凯恩斯学派经济学家为主，他们分别对名义黏性和实际黏性提出了各种各样的解释。比如：解释名义黏性的理论有"菜单成本论""长期劳动合同论"等，解释实际黏性的有"隐含合同论""效率工资论"等。这些既完善了凯恩斯经济学的微观基础，也对非均衡经济学研究做出了巨大贡献。

另外，凯恩斯本人也有一个往往为常人所忽略的关于市场非均衡的观点。在《就业、利息和货币通论》中，凯恩斯将宏观经济均衡与非均衡的临界点定在了"充分就业"，笔者将其称为"凯恩斯拐点"。在充分就业之前，市场供给大于需求，充分就业之后，就出现需求大于供给的情况，但充分就业只是个抽象概念，后来菲尔普斯和弗里德曼又提出"自然失业率"的概念，其实就是凯恩斯的充分就业临界点，这也是凯恩斯本人对宏观经济均衡问题的另一个贡献。"凯恩斯拐点"问题如果得到足够重视的话，也就不会出现后来所谓的弗里德曼对凯恩斯的攻击。弗里德曼虽然指出了萨缪尔森、索洛的菲利普斯曲线的局限性，但从某种程度上证明与完善了"凯恩斯拐点"，而这本来就是《就业、利息和货币通论》中已有的内容。

在经济学中还有一个被称为"非均衡学派"的分支，也是以凯恩斯学派的经济学家为主，一般认为非均衡理论是唐·帕廷金于1956年出版《货币、利息和价格》一书首开先河，非自愿失业是一种非均衡现象，第一个明确反对均衡理论的是罗伯特·克洛尔，他在1960年和1965年分别发表《凯恩斯和古典学派：一种动态见解》和《凯恩斯主义反革命：一种理论评价》两篇论文，提出凯恩斯理论的本质是非均衡理论，凯恩斯开创了非均衡分析。巴罗和格罗斯曼两人将局部非均衡分析扩展到包含商品市场和劳动力市场的宏观经济非均衡，进行系统分析，构造了第一个非均衡宏观模型，成为该理论的基础，着重分别分析了总体超额供给和总体超额需求状态。这个时期已经形成了非均衡学派。非均衡学派的杰出代表是法国著名经济学家贝纳西，他出版了《市场非均衡经济学》（1982）、《宏观经济学和非均衡理论》（1984）、《宏观经济学：非瓦尔拉斯分析方法导论》（1986）等著作，运用数学工具对非均衡理论进行了论证。但这些人的共同缺陷是过度依赖经济模型构建他们的非均衡经济学理论，而不是像新凯恩斯学派那样利用新颖的学术概念和理论去支撑非均衡经济思想，因此这些人影响比较小。

三、我在非均衡经济学领域提出的四大理论

1. 供给黏性理论

现代微观经济学中，只有弹性的概念，凯恩斯提出了"刚性"的概念，美国凯恩斯学派提出了"黏性"的概念，并进行了理论的证明，但他们的黏性概念只是对工资、价格进行了研究，只是阻挡了新自由主义经济学在宏观经济领域的蔓延，保住了凯恩斯经济学最后的根据地，但还没有触及经济学的核心。本人从微观上提出了"供给黏性"和"供给难度"的概念，供给黏性的形成原因也是因为产品的供给难度，这可以让人们看清市场经济非均衡的本质，因为供给黏性的存在，价格机制并不能很好地发挥作用，一个产品供给黏性与供给难度成正比，供给难度越大，其供给黏性越强，当供给难度大到一定程度，价格机制完全失灵。其实，真正影响市场经济均衡的并非工资、价格的黏性，而是供给的黏性，这是本人在平衡经济学中提出的概念。供给黏性与供给弹性相反，供给黏性反映的是提高价格并不能有效地导致供给增加，而传统的供给弹性则认为价格可以导致供给快速增加。

供给黏性概念的提出源于我在2006年发表的《平衡经济学原理》论文，当时就提出了生产难度、交易难度的概念；2014年，我又提出了供给难度的概念；2020年，我撰写《新通论》时在供给难度的基础上提出供给黏性的概念。平衡经济学认为产品是"异质性"的，平衡经济学认为不同产品的"异质性"或是说产品差别就是供给难度的差别。供给难度很大的产品无论是增加产能还是缩减产能都是非常难的，经济危机时这些产业受到的冲击最大。在经济危机时，供给黏性可以导致市场难以出清，比如钢铁、石油行业就是典型的因为供给黏性难以出清的行业。如果将非均衡经济学

研究比作群山的话，那么供给黏性理论就是这座群山的主峰。如果说科斯发现"交易成本"的存在是发现了经济学中的"摩擦力"问题，而本人发现的"供给黏性"则相当于发现了经济学中的"重力"问题。"黏性"是新凯恩斯学派提出的重要概念，我将其扩展到了微观经济学领域，重塑了微观经济学，也夯实了凯恩斯经济学的微观基础。

2.生存成本导致的工资刚性理论

新凯恩斯学派放弃了工资刚性的概念，改用工资黏性的概念，提出了效率工资，隐含合同、长期合同等理论用于解释工资难以灵活调整的问题，特别是工资很难下降的问题。但是，凯恩斯经济学的诞生主要是为了解释经济危机时期的失业问题，而经济危机时期，高收入人群的工资其实是可以调整的，高收入人士降薪求职非常普遍，因为他们自己也认为自己的高工资来源于行业风口，而非个人能力，真正导致经济危机时失业是低收入人群的工资刚性，而造成低收入人群工资刚性的其实是生存成本的刚性问题。

一个国家国民的生存成本具有不可逆性，旧有的商业模式、生活模式的消失导致生存成本不可降低，这就导致寻找工作周期的拉长，最终出现大量失业，从而让经济危机更加严重，这更符合经济现实。新凯恩斯学派的工资理论用于解释高收入人士的工资黏性更合适，但凯恩斯经济学作为一种危机经济学，其合法性最终要来自对经济危机时期工资刚性的研究，而我提出的生存成本导致的工资刚性，则可以很好地弥补凯恩斯学派在这方面的缺失。低收入人群的工资基本上接近生存成本，因此是刚性的，很难调整，因此经济危机时期的失业很难通过工资调整解决。

3.税收刚性导致公共产品市场非均衡理论

目前市场均衡思想不仅在微观经济学中占据主流地位，而且渗透到宏观经济学领域。目前在宏观经济学中居于主流地位的是"真实经济周期理论"。在我看来，该学派强调的"技术冲击"后市场自动恢复均衡的观点是不完全正确的。首先，市场经济是由私人产品和公共产品两部分组成的，价格调节与市场均衡只能发生在私人产品市场部分，对公共产品是无效的。公共产品的需求会随着私人产品的增长而增长，但是公共产品的供给却受到政府预算影响，虽然短期可以通过赤字调节，但长期看，受到税收制约，而税收是刚性的，所以公共产品的供给弹性是非常小的，公共产品市场是很难均衡的，非均衡性是公共产品市场的天然特征，因此真实经济周期理论中强调的市场均衡只能是私人产品市场的部分均衡，而不是包含公共产品市场在内的市场整体均衡，因此完全意义上的市场自动均衡在现实中是无法实现的。

其次，真实经济周期理论将"技术冲击"作为影响市场均衡的核心，他们认为技术冲击导致的并非市场的非均衡，而是市场均衡点的移动。针对这点，本人也有不同看法，认为技术冲击导致的仍然是非均衡的出现。我们将市场分为私人产品和公共产品两个市场，技术进步首先会推动私人产品供给的增加，但私人产品与公共产品必须合理匹配，私人产品供给的增加也会对公共产品的生产提出更大的需求，也就是说，公共产品需求会随着技术进步导致的私人需求的增长一起增长，但公共产品的供给因为税收刚性制约而不能增加，这就导致了公共产品的供需失衡。因此，技术冲击导致的仍然是不均衡的出现，主要表现为公共产品市场的不均衡。这些理论是本人曾经提出的新财税主义宏观经济学的一部分。新财税主义宏观经济学认为，财政不足也会导致市场非均衡的出现。新财税主义宏观经济学将"税收"上升为一个宏观经济问题进行研究，从宏观上看，税收是可以影响一个国家经济周期的，主要是通过公共产品的供给失衡进行影响，财税周期问题目前还没有纳入宏观经济学的主流研究。

4.销售者主权问题

销售者主权是本人提出的另一个概念。销售者也有自己的利益，他们考虑更多的是自身的商业利益，而非市场需求。他们在追求自身利益最大化的过程中就会与生产者和消费者的利益产生冲突，比如销售者主权导致销售者一般不愿意销售利润过低的产品，因此很多廉价商品会在销售者主权的影响下逐渐退出市场，会导致相应的需求得不到满足。销售者主权在一些服务行业非常明显，产品销售过程中附加的服务越多，销售者主权越明显。销售者主权会导致供需悖论现象的出现。供需悖论是指市场上为富人提供服务的机构远远高于富人在总人口中的比例；市场上为穷人提供服务的机构数量远远小于穷人在总人口中的比例。销售者主权还会导致底层无法消除，因为销售者主权会影响廉价商品的供给，导致底层需求无法满足，总是被迫购买中等收入人群的产品。

四、总结

其实，市场均衡只是一种假说，非均衡才是市场经济的常态，但是自从瓦尔拉斯、马歇尔等经济学家模仿静态力学构建了均衡理论之后，在一些经济学家那里，均衡就变成了一种信仰，一种追求，甚至推导出了政策上的自然放任，这其实完全违背前人的本意。马歇尔之后，一些学者逐渐发现市场的缺陷，比如外部性问题、市场势力问题、公地悲剧问题、合成谬误问题、交易成本问题、搜寻成本问题、信息不对称问题、人类行为非理性问题、生产者主权问题、道德风险问题、逆向选择问题等，这些都从某种程度上诠释了市场失灵，但却没有打破部分人的市场均衡崇拜，也没有对市场均衡理论形成实质性的冲击。本篇在新凯恩斯学派的基础上提出了供给黏性的概念，发展了萨缪尔森的公共产品理论，构建了公共产品市场非均衡理论，另外，还从生存成本问题解释了工资刚性，从销售者主权解释了供需悖论和底层需求无法满足的问题，从而构建了从宏观到微观的市场非均衡理论体系，让人们真正看清了市场经济非均衡的本质。同时，市场追求的也应该是效率与创新，而非均衡。

第十三篇

系统性金融风险理论与模型

——兼论货币调控的无效性、危害性以及恒定利率主张
的提出

2008 年之后，人类已经认识到系统性风险的危害，但是关于系统性风险的理论却迟迟没有建立起来。本篇认为在各种系统性风险中，系统性金融风险相比其他系统性风险是最重要的，并且建立了系统性金融风险模型，认为"**系统性金融风险＝货币调控×金融产品嵌套**"。其中，金融产品嵌套是很难消除的，只能降低货币调控带来的风险，货币调控不仅具有无效性，而且具备危害性，所以主张废除货币调控，将央行货币利率恒定在一个最优利率水平之上。

一、当前人类对系统性风险的研究

系统性风险是一个金融学中本来就有的概念。系统性风险最早由美国诺贝尔奖经济学家威廉·夏普在《投资组合分析的简化模型》一书中提出。20 世纪 60 年代，他在将另一位诺贝尔奖经济学家马科维茨的"资产选择理论"深化并创立自己的资本资产定价模型的过程中，把马科维茨资产选择理论中的资产风险分解为资产的系统性风险（又称市场风险）和非系统性风险。但夏普作为一名微观金融——证券投资研究者，更多是将系统性风险作为一个参数，并非真正要研究系统性风险。

2008 年全球经济危机之后，系统性风险开始引起全世界的重视，但至今没有被深入地研究，缺乏公认的系统性风险模型。在我看来，笼统地研究系统性风险是没有意义的，因为系统性风险涵盖面太广。系统性风险可以包含系统性政治风险、系统性经济风险和系统性金融风险等，其中系统性政治风险主要由换届和政权更替带来，系统性经济风险主要由宏观经济周期导致，还包括系统性金融风险，由国家的货币调控和无法预测的金融事件导致。在这三种系统性风险中，系统性政治风险不属于经济学研究的范围，系统性经济风险已经被研究得比较多，只有系统性金融风险才是真正应该被研究的，也是当前引发系统性风险的核心来源。

在经济学界，真正研究系统性金融风险的要属美国的后凯恩斯学派经济学家明斯基了，他提出了金融脆弱性理论和金融不稳定假说，但他主要是从银行的信用创造和企业信贷角度研究金融风险，确切地说他研究的也只是金融风险，谈不上系统性金融风险，与2008年金融危机所指的系统性金融风险也不相同。因此我们有必要提出新的金融系统性模型。

二、系统性金融风险模型

在此，我们提出一个新的系统性金融风险模型，即系统性金融风险 = 货币调控 × 金融产品嵌套。

在我看来，现代社会所面临的系统性金融风险主要是由金融产品嵌套和货币调控引起的，金融产品嵌套是系统性金融风险的主要来源，而货币调控是诱发系统性金融风险的导火索，两者缺一不可。如果仅仅是金融产品嵌套，没有货币调控，系统性金融风险爆发的可能性要小得多；如果仅仅是货币调控，而没有金融嵌套，也不会爆发系统性金融风险。但金融产品嵌套是现代金融的基本特征，是不可避免的，中国为了降低系统性金融风险，出台了资管新规对金融产品嵌套进行了规定，但这也降低了金融的活性。为了降低系统性金融风险，只能在牺牲金融产品嵌套和牺牲货币调控中"二选一"。我不主张对金融发展进行过度抑制，而是应该对货币调控进行控制。

三、当今人类社会的最大矛盾是系统性金融风险与人类追求美好生活之间的矛盾

在笔者看来，人类社会现在面临的最大矛盾就是系统性金融风险与人类追求美好生活之间的矛盾。绝大部分民众更多地关心吃喝玩乐，关心如何享受生活，但一旦发生系统性风险，人类的这种稳定自由幸福的生活就会被打破，这才是现代社会的民众最不愿意看到的，也是无法承受的。所以，现代社会最大的矛盾就是周期性爆发的系统性金融风险与人类追求美好生活之间的矛盾。所以我们只要消灭了隐藏在经济体系内的系统性风险，人类的生活就会有极大的提高，而现在人类最大的系统性风险就来自金融领域，每次经济危机都会以金融危机的形式爆发出来，特别是主要由货币调控引发，所以我们一定要尽量放弃频繁的货币调控，并探索出其替代方法。

四、论奥地利学派和理性预期学派对货币调控的否定

目前主流经济学界支持货币调控的主要是货币学派，弗里德曼的《美国大萧条》一书对货币调控进行了实证支持，弗里德曼思想的继承者伯南克更是将货币调控发挥到极致，提出了"直升机撒钱"的主张，并以"量化宽松"的货币政策进行实践。

目前，主流经济学界反对货币调控的主要有两个学派，首先是奥地利学派，奥地利学派认为放松货币可以促进"迂回生产"，成为下一次经济危机的根源。但奥地利学派的担心有些多余，经济危机时期，企业家连进行"直接生产"的信心都不足，更不会扩大产能搞迂回生产，因此这种担心完全是多余的。奥地利学派虽然反对货币调控，但仍然认为货币调控是有效

的，但实际放松货币远远没有奥地利学派说的那么有效。

其次，理性预期学派也是反对货币调控的，因为理性预期学派认为政府的货币政策容易被民众预期到，导致其政策会失去效果，但这纯粹是一种假说，在现实中很难被验证。目前，理性预期学派赖以成立的两个前提——完全理性和完全信息已经被行为经济学和信息经济学的研究成果所瓦解，因此理性预期学派的假说自然也就不攻而破。理性预期学派只是具备理论意义，对宏观经济治理的影响不大。卢卡斯本人来中国接受媒体采访时也指出："众所周知，格林斯潘解决了美国经济当中的许多问题，但他却没有获得诺贝尔奖。我得了奖，但几乎没有人在实际工作中采用我的理论。"

凯恩斯本人早年是货币调控的支持者，但后来认为放松货币会陷入流动性陷阱，从而转向了财政调控，但美国的新古典综合派、新凯恩斯学派等学者并没有明确反对货币调控。货币调控在现实中的应用有两次高峰，一次是20世纪70年代美联储实践过货币学派的"单一规则"，但被实践证明失败，弗里德曼晚年也亲自承认了这一点。但2008年之后，根据弗里德曼的"直升机撒钱理论"改编而来的"量化宽松"被广泛使用。确切地说，现代主流宏观经济学仍然是被货币学派所统治，特别是在发达国家，弗里德曼的方法仍然是拯救经济危机的首选。凯恩斯学派的影响力只是在中国，在发达国家已经被边缘化了。

五、货币调控的无效性分析

本人反对货币调控，与奥地利学派和理性预期学派反对货币调控的理由不同，笔者反对货币调控主要是基于其无效性和有害性。货币调控的无效性主要在于，放松货币造成的低利率与金融机构激励不相容，放松货币，外生货币增加的同时，货币的内生能力却在下降，毕竟"有效货币供给=内生货币+外生货币"，而且内生货币的数量要远远多于外生货币，内生货币的供给量是货币利率的正函数，货币利率越高，货币的内生能力越强，货币利率越低，货币的内生能力越差。当货币放松时，内生货币数量越少，虽然外生货币数量在增加，但有效货币供给也不会增加，而且可能会下降，因此货币放松导致的低利率会反噬货币放松的效果，因此货币放松是无效的。这里我们所说的货币调控，主要就是指经济危机时期的放松货币，如果经济危机时期，货币调控是失效的，那货币学派也就失去了意义。凯恩斯的流动性陷阱理论只是从民众投资的角度揭示了低利率下货币流动速度变慢的现实，但却没有从金融机构的角度进一步揭示货币调控的无效性，笔者的宽松货币政策与金融机构激励不相容理论就正好弥补了凯恩斯经济理论的缺陷。

弗里德曼在大萧条中发现的现象也许是正确的，但是其政策建议却是错误的，弗里德曼依据的仍然是静态的货币数量论，而笔者曾经提出的是动态货币数量论。货币数量并不是央行决定的，而是由政府和企业的贷款行为决定的。央行增加货币，并不一定造成市场上货币的增加。

六、货币调控的有害性分析

1.信息时代的货币调控必然引发系统性金融风险

随着交通工具和信息通信工具的不断升级，特别是互联网、移动互联网、社交软件的出现，经济日益成为一个紧密的主体。这种紧密联系让整个经济的系统性风险变得异常集聚，每一次货币调控，特别是货币紧缩周期必然引发系统性金融风险。例如，一个大型建设项目的融资往往涉及多家金融机构，综合运用多种金融工具，金融产品嵌套结构多达四五层，而这些金融资本背后又涉及成千上万，甚至几十万个投资人。现代金融的做法提高了金融效率，分散了金融的风险，是非常必要的创新，但却增加了系统的脆弱性。在这种环境下，对金融系统稳定的要求更高，要求金融系统的波动性更小，因为一个非常小的货币和金融政策的异动，都会导致整个系统的崩溃，甚至导致几十万人倾家荡产，所以出台货币调控政策必须慎之又慎，能不动则不动。

另外，因为实体经济与金融经济的高度融合，企业与投资人的高度融合，受经济周期或货币政策影响的不仅仅是企业，还有企业背后无数的金融投资人，这与以前的经济时代是完全不同的。现代社会用货币调控经济，系统性金融风险是根本无法避免的。

2.货币政策调控导致部分群体为调控做出巨大牺牲

人类经济从自由放任到反周期调控是巨大的进步，这种反周期调控对于避免经济危机、降低经济危机危害确实起到了非常好的效果，但这种货币调控往往是在牺牲部分经济群体利益的情况下运行的，有时候这种牺牲非常惨烈，甚至影响面特别广，而且会直接返回来威胁整个经济。对于实体经济来说，货币紧缩传导到金融末端的表现就是金融机构对中小企业突然抽贷、断贷，导致大批中小企业倒闭，对于金融企业来说，这种货币紧缩在造成金融企业倒闭的同时还会导致大批的个人投资者亏损，甚至血本无归，严重时很容易引发群体事件。这些社会群体做出的这些牺牲对他们来说既不可避免，又是平白无故的遭遇。

3.货币政策传导慢必然调控过度

货币政策作为经济调控手段，自身也有一定的问题，就是货币调控效果具有比较长的"时滞"。货币政策发挥作用，一般会有半年的传导时间，在这半年的"时滞"内，央行往往不会选择坐等货币政策发挥效果，而是会持续加码，最后的结果就是矫枉过正，也就是经济调控要想调控到位，必然会调控过度。货币调控的原则应该是"拧紧螺丝松半圈"以解决时滞问题，但是央行并不掌握"拧紧螺丝松半圈"的货币调控原则，往往拧紧螺丝后就不再松，最后导致整个经济体系长时间处于紧绷状态。本来是为了抑制经济波动而出台的货币政策，反而成为导致经济危机的根源。2008年的金融危机其实就和美联储过度收缩货币有关。如果美联储在货币收缩到位后再适度地放松些，经济危机也许可以避免。

另外，现代经济金融各行业的产业链非常长，产业链越长，货币调控反应越慢，货币调控的效果也会大打折扣，关于这一点，美联储前主席格林斯潘也有过类似表述。

4.企业家不具备预测与应对货币政策周期的能力

面对频繁的宏观经济调控，企业家应该对经济调控有所预期并提前做好防备，但事实是企业家对此往往是表现得毫无防备，企业家根本做不到卢卡斯所宣扬的"理性预期"，因为企业家一心做企业经营，大多数人并不具备经济学知识，甚至不关注财经新闻，只能被动地接受宏观经济调控的结果，等货币紧缩波及自己的时候为时已晚。而且央行调控货币政策往往具有很大的随意性，为了避免资本市场投机行为，央行不能让民众准确预期货币政策的变动，各国央行行长最擅长运用模棱两可的语言。其实，即使企业家作为个体想应对经济周期也很难，他们的命运都是掌握在金融机构手里，而金融机构的决策也是不可预测的。

5.经济周期导致淘汰的大多是优秀企业

经济发展本应该优胜劣汰，但是由于经济周期导致的企业淘汰则正好相反。正常经济危机周期淘汰的往往是市场规模最大的企业，货币调控周期淘汰的往往是资金杠杆最大的企业。对于经济周期而言，经济危机来临，市场规模突然变小，大企业最难进行业务调整，也会最先倒下。在金融紧缩时期，越大的企业因为杠杆越长，越容易发生资金链断裂。因此无论是经济周期还是货币政策都是逆淘汰，淘汰的都是竞争力比较强的企业。人们传统上认为企业越大越安全的理论在经济周期和货币调控周期面前并不适用，因为面对经济周期或货币政策往往是企业越大越脆弱，为了避免这种逆淘汰，也应该尽量让经济不要频繁波动。

七、结论与建议

系统性金融风险主要有两大来源，分别是金融产品嵌套和货币调控，在金融产品嵌套不能消除，而货币调控既无效又有害的情况下，只能将消除货币调控的危害作为降低系统性金融风险的主要措施。在其他论文中，笔者曾经论证过最优央行货币利率的问题，提出只有将央行货币利率固定在一个最优货币利率上，有效货币供给才会最大，因此笔者主张实行恒定利率，也就是将央行货币利率恒定在最优利率之上，而不是反复调控，这样系统性金融风险就可以降到最低。

第十四篇

科学产业结构理论

——关于产业发展次序以及国家"核心产业"的研究
兼议中国发展道路的科学性

経済発展研究中歴来存在着両派，一个是財富積累派，一个是生产力提高派。其中，英国的亜当·斯密、李嘉图，瑞典的俄林，中国的林毅夫等都属于財富積累派，生产力提高派的代表有法国重农学派、德国历史学派等，経済発展理论基本为这两个学派所主导，但是他们也有共同的缺陥，那就是他们都是"家长思维"，都忽略了产业自身的发展规律。任何経済发展都是产业的发展，首先要遵循的就是产业发展的规律，而本篇提出的产业压制理论、产业发展次序理论、核心产业转移理论就是以产业发展规律为基础提出的，可以很好地解释各国経済发展成功与失败的原因，也可以用于指导国家的経済政策制定。

一、产业发展内部的相互压制关系

产业压制研究的是不同产业之间的纵向关系。経済发展归根到底是产业的发展，然而产业发展不是盲目的，背后也是有规律的，无论是自发的产业发展，还是政府指导下的产业发展，都必须遵循产业规律。

产业规律很大程度上表现为不同产业之间的相互压制关系，产业压制理论研究的是不同产业之间的纵向关系，我们只要将不同产业之间的纵向关系打通，产业发展的规律就会一目了然。产业压制分为很多类型，本篇将其分为产业链压制、生产要素压制、公共产品对私人产品压制、金融产业对实体経済的压制几个主要类型。

1.产业链压制

产业链压制是指处于同一产业链的上下游产业的相互压制关系。产业链压制又可以分为两种：上游产业对下游产业的压制称为供给压制；下游产业对上游产业的压制称为需求压制。产业链越长的行业对其关联行业的压制作用越明显。在产业链压制中，不仅上游产业对下游产业有压制，下游产业对上游产业同样存在着压制。

2.生产要素压制

生产要素压制是指生产要素行业如果不率先发展的话，就会对依赖于这种生产要素的行业产生压制。粮食、石油、矿产、电力都是最基础的生产要素，以石油为例，石油生产的化纤是生产服装的主要原料，石油生产的化肥是促进粮食增长的主要原料，石油加工成的塑料不仅家用，还是其他几乎所有行业的原料。钢铁也是典型的生产要素，从军事武器到民用机械、汽车、家电，几乎每个行业都离不开钢铁，钢铁行业发展不好，几乎可以对所有行业产生影响。

3.公共产品对私人产品压制

公共产品供给不足也会对私人产品的供给产生压制，这是因为私人产品的供给是建立在公共产品供给的基础之上。比如公路是公共产品，汽车是私人产品，如果没有足够的道路，汽车行业就发展不起来，这就是公共产品对私人产品的压制效果。另外，城市道路面积不足，到处堵车，市民买车、开车的欲望就会受到压制。如果能将现有城市道路的面积扩大一倍，汽车销量就会翻几番。

4.金融产业对实体经济的压制

金融产业为实体经济提供资金，金融产业的发展也会对实体经济的发展产生压制，金融压制可以分为两方面，一方面是国家货币政策会对经济产生的压制，一方面是金融工具与金融市场的建设对实体经济产生的压制。

金融如果可以为实体经济发展提供充足的资金，实体经济就会发展得比较好，否则就会对实体经济产生压制。

二、产业发展次序理论，论农业、轻工业与重工业的发展次序

因为不同产业之间存在着压制关系，所以产业发展是有先后次序的，应该让上游产业先发展，下游产业才可以得以发展。当我们用产业发展次序的理念去观察一个国家的发展时，就会得出与传统发展经济学不同的结论。

对于一个初级发展国家来说，其产业部门往往可以分为农业、轻工业和重工业三个部门，这三个部门之间也存在着相互压制关系。人们通常认为，一个国家应该先发展农业，再发展轻工业，最后发展重工业。但按照"产业压制"理论，这样的发展次序却是错的。我们认为一个国家应该最先发展的是重化工业，然后是农业，最后才是轻工业。

现代农业与传统农业完全不同。现代农业一个人可以养活几十个人，甚至几百个人。现代农业之所以做到这样，是重化工业发展的结果。重工业为农业生产提供了农业机械，化学工业为农业生产提供了农药、化肥，都是农业的上游产业，对农业发展存在供给压制，只有将这两个部门对农业发展的压制解除了，农业才可以发展起来。在这两个部门中，农业机械可以从农业中解放出剩余劳动力，这些人可以走向城市从事工业生产，化肥农药的使用可以让粮食大幅增产，可以让农村也有余粮供应城市。

现代农业要想大发展，必须机械、化肥先行，而机械、化肥的发展则依赖于重化工业的发展。所以必须先有现代化的重化工业，才有现代农业的发展。重化工业的早期消费市场是农村，而非城市，直到现在农村也是机械和化学两工业部门的主要消费市场。

轻工业则是农业的下游产业，轻工业大部分是以农业为原材料的，轻工业中的纺织业和食品工业都是以农产品为原料。农业发展起来了，轻工

业才可以发展起来。因此，经济发展的先后顺序应该是先发展重化工业，再发展农业，最后发展轻工业。

中国在计划经济时代主张的"赶超战略"主要就是发展重化工业。开发大庆油田是中国发展化学工业的开始，因为化学工业的原料主要来自石油。有了钢铁和石油，中国的重化工业才逐渐发展起来。

由于重化工业的发展，改革开放之前，中国农业已经开始了初步的小型机械化，化肥也少量使用，中国农业水利化工作也初步完成。改革开放后不久，农户购买了拖拉机等小型农业机械，同时，化肥、农药等开始大量运用到农业生产，中国农业开始发展得越来越好。逐渐从农业中解放出来的劳动力开始进入城市务工，从此开启了中国的城市化进程。同时，有了农业提供的原材料和重工业提供的机械，轻工业也很快发展了起来，人民的生活得到了极大地提高。进入21世纪之后，城市务工人员已经数量足够庞大，又催生了中国城市房地产行业的高速发展，房地产又支撑了中国将近二十年的发展。房地产行业退潮之后，中国的互联网数字信息产业又成长起来了，成为中国发展的新动力。

总结中国发展经验就会发现：钢铁和石油工业的发展拉开了中国重化工业发展的序幕，重化工业的发展促进了中国农业的增产和农村劳动力的解放，农村劳动力进城务工促进了中国新型城镇化的发展，进而加快了中国式现代化进程。

现在很多发展中国家，之所以发展缓慢，就是因为他们第一步都迟迟没有完成。他们没有发展重化工业，农业就发展不起来，他们的农民没有办法脱离土地，也无法为城市人口提供粮食，更无法为轻工业的发展提供足够的原材料。我们经常看到关于非洲和印度农村的情况，他们的农业产量低，不足以支撑大规模的城市化。轻工业是非常简单的，但是非洲国家连轻工业都发展不起来，根本在于其农业的落后对轻工业的发展产生了压制。

拉美国家的农业比较发达，但他们的农业现代化是靠殖民者和美国的大型农业企业帮他们实现的。他们缺少了重化工业这一重要环节，所以他们的机械工业就很难发展起来，他们的轻工业也很难发展起来，他们的农业虽然发展起来了，但只能以出口初级农产品为主。而那些脱离土地的民众虽然进入了城市，却没有足够的城市工业去吸纳这些人，他们只能成为城市贫民。

著名发展经济学家刘易斯因提出"二元经济机构"和农村劳动力的"无限供给"而闻名于世，他最核心的观点就是农业可以为城市提供源源不断的廉价劳动力。但在我看来，刘易斯的观点是错误的，他没想到的是，没有重化工业的发展，没有粮食产量的增加，农村根本提供不了源源不断的劳动力，源源不断的劳动力是农业发展后不断解放出来的，如果没有农村农业的发展，根本不会有劳动力解放出来，而农村农业的发展又依赖于重化工业的发展，这是刘易斯理论的缺陷所在。

因此，对于任何一个大国来说，都跳不过重化工业这个阶段，这是一个国家发展的基础。"产业发展次序"理论就是要告诉我们，一个国家的产业发展必须是"按部就班"的，是按"先后次序"发展的，不能随意跳过某个产业，也不能随意打乱发展次序，违背了产业发展次序的经济发展最后都会是失败的。政府只有深刻洞悉产业发展次序，才可以制定出科学的产业发展规划与产业发展政策。

当然，对于一些小国来说，他们则可以以国际产业链为基础，"两头在外"地发展一些单一的产业，这也需要这个国家有着非常好的交通优势，比如新加坡，除此之外都需要按产业发展规律发展产业。

三、核心产业变迁理论

当我们明白了产业发展次序的原理之后，就会知道一个国家每个阶段所要发展的产业都是不同的，因此我们又在产业压制理论和产业发展次序理论的基础上提出了核心产业变迁理论。

回顾历史，一个国家从贫穷到发达，存在着核心产业有规律地变迁。核心产业就是在某个阶段最应该重点发展的产业，是一个国家应该投入力量最大的行业。首先为了更好地发展农业，就应该重点发展水利产业、机械工业、化学工业，而机械工业和化学工业的前提是钢铁和石油工业，所以一个发展初期的国家的核心产业应该是水利产业、钢铁工业、石油工业、机械工业、化学工业，然后是农业产业，中国主要是在计划经济时代和改革开放初期完成这个阶段的发展。

一个国家农业发展起来后，就可以利用剩余农产品和农村的剩余劳动力发展轻工业，比如可以发展纺织工业、食品工业、加工制造业、电子工业等，中国主要是在20世纪末前完成了这个阶段的发展。

当一个国家轻工业取得一定程度的发展之后，城市化进程也就开始了。这时就到了房地产行业、汽车行业、家电、建材等产业大发展的时候了。在城市化发展的同时，城市之间的联系也日益密集，这时交通也日益成为一个重要的产业，国家开始需要大量的高速公路、高速铁路满足人民的需求。这个阶段的发展，中国主要在21世纪前二十年完成的。

当一个国家城市化彻底完成后，自给自足的生产方式彻底结束，民众正式进入消费社会，人们的消费需求、健康需求、信息联系需求、亲近自然的需求会增加，这时旅游产业、消费产业、健康产业、医疗产业就需要大力发展了，这也是未来中国经济的增长点。

一个国家在不同发展阶段都应该重点发展一两个核心产业，如果用中国哲学解释就是"抓纲"，纲举目张。对于一个国家来说，核心产业并不是每个阶段都一成不变的，要与时俱进，不能一直抓住不放，而是要及时变换，每隔一段时间就要变换一次，最快三五年就要变换一次，核心产业往往以浪潮的形式出现并发展，发达国家直接面临核心产业带来的发展浪潮，发展中国家也要对核心产业"补课"。对于一个国家来说，一定要及时发掘每个时期的核心产业，然后大力支持其发展，比如中国在计划经济时代曾经将钢铁、石油以及农田水利作为核心产业来发展，这为改革开放后的经济发展打下了良好基础。改革开放后，中国又先后将纺织工业、高速公路、房地产、汽车产业、高速铁路、5G产业、新能源等作为核心产业。

对于一个国家来说，抓住了核心产业，就抓住了经济增量。对于发达国家来说，核心产业一般就是科技前沿，但对于发展中国家则不是，发展中国家要根据自身发展阶段确定核心产业，不能盲目，也不能以短期财富积累为目标，在低端产业上维持太久。一个国家只要按照产业发展次序发展，才能既提高生产力，也积累了财富，最科学的发展路径，才是最快的发展路径，其他都是弯路，都会发展得更慢。

四、产业压制理论对政府经济管理的启示与要求

1. 提升经济压制因素的发现与甄别能力

在一些存在压制关系的重大产业部门，重点技术领域，政府可以直接投入力量推动产业发展。当然，政府对某一个产业的助推也没必要是长期的，往往只需要一时一地地制定政策。政府要支持的往往是第一个、第一次，或是最基础的领域。

2. 政府应该根据产业压制与产业发展次序理论做好产业规划

因为经济体系内部存在相互压制，政府应该科学地参与到经济发展中，规划好产业发展先后次序，保障那些需要优先发展的产业优先发展。

3. 政府应该优先保障生产要素供给，避免生产要素压制

能源、资源属于生产要素，生产要素是经济发展最基础的东西，这些

千万不能短缺。很多生产要素的开发建设周期长，需要的资本多，这都需要政府提前布局，做好长期规划。除了资源、能源，人力资本也是重要的生产要素。国家竞争最终也是人力资本的竞争，中国也应该注重全民学历的提高，提早实现全民大学教育，加大硕士博士教育的市场程度，提高高学历人才比重，争取在这一环节提前超越发达国家。

4.政府还应该及时解除公共产品压制

很多公共产品会对私人产品的供给产生压制，只有公共产品提供好了，私人产品才可以很自然地发展起来。在现实经济中，以基础设施为代表的公共产品常年处于短缺之中，很少发生过剩，说明公共产品压制在经济发展过程中表现得非常明显，也是政府最应该做的。

5.政府做好金融供给，避免金融对实体经济的压制

国家应该保障实体经济有充裕的发展资金，便利的融资条件，多元化的融资工具，并且制定合理的利率政策保障金融企业有为实体经济提供资金的积极性以及抗风险能力，政府还应该做好系统性金融风险的防控。

6.将主要精力财力用于"核心产业"的发展上

我的经济理论中的"核心产业"概念与我们经常听到的"支柱产业"的概念不同，核心产业是一个"动态"概念，可能每年都不同，政府需要每隔一段时间就确定一个核心产业，然后将主要精力集中于核心产业的发展。

五、开放条件下的理论适用性

本篇研究的是封闭条件下的产业发展规律，即使在开放条件下，理论

仍然是适用的。开放条件下，外国先进生产力的引入反而可以更快促进一个国家的产业进化。改革开放初期，中国的钢铁生产设备、化肥设备多是来源于进口。科技发展之初，芯片、高端机床、汽车零部件、核心电子元器件也多来源于进口，这反而加速了中国的发展。从经济发展来说，只要国家产业发展次序规划好了，外部生产力也可以在短期内为我所用。随着国家综合实力的增长，再逐渐促进自主创新的发展，慢慢完成对外资产业的替代。外资科技产业的引入从某种程度上也可以为民族产业的崛起培训更多的人才，也是发展中国家民族产业崛起过程中不可或缺的一个阶段。

结论：

　　总之，经济发展一定要遵循产业发展规律。如果不遵循产业发展规律，无论是提高生产力还是积累财富都做不到，而遵循了产业发展规律的发展，最终既能积累财富，也能快速提高一个国家的生产力。而政府只要按照产业发展次序将产业规划做好了，并且积极投入力量将把重点行业、重点技术的产业压制去除掉，市场上就会出现大量的投资机会，企业家也可以有用武之地。企业家的发展机会很多都是政府创造出来的，政府的产业规划和产业投资从某种程度上也是在解除对民间投资的压制，政府投资先行，民间投资才会有机会。

第十五篇

"生存经济学"理论概述

——基于收入与生存成本指标的"幸福指数"研究

长期以来，人们研究民生问题总是从社会福利的角度进行研究，本篇引入"生存成本"的概念。从"生存成本"的角度研究民生问题将会是一种全新的分析范式，比福利经济学的视角更科学，视野也会更开阔。笔者构建了以收入－生存成本为核心的经济模型，探讨了产品创新和产品生产率提高对收入和生存成本的决定性关系，提出了宏观"幸福指数"与微观"幸福剩余"的衡量标准，还解释了凯恩斯强调的"工资刚性"问题。生存经济学的提出不仅开辟了经济学研究的一个新领域，而且为人类开辟了一个新的社会模式——"低生存成本型社会"，我们可以称之为"世界模式3.0"。

一、经济发展并不会导致生存压力的降低

　　人们总是希望随着经济的发展和收入的提高，生存的压力会变小。但实践表明，生存压力的大小与经济发达的程度并无正相关关系。经济发展确实可以带来生活质量的提高，却并不一定会带来生存压力的下降，而且还可能会导致生存压力变得更高。笔者认为人类的幸福感并不取决于生活质量，而是取决于生存压力。如果生存压力不降低，那人类的幸福感就不会增强。

　　经济发展通常会带来两方面的影响：一是民众收入的提高；二是生存成本的提高。如果收入的提高不能覆盖生存成本的提高，那么生存的压力就会变得比原来更大。人们往往只看到经济发展所带来收入提高的一面，却很少有人研究经济发展导致的生存成本提高所带来的负面影响。经济学家们经常研究"如何提高民众的收入"，却很少研究"如何降低民众的生存

成本"，笔者提出"生存经济学"就是以民众的"生存成本"为对象，并将如何降低民众的生存成本作为研究目标。

生存经济学认为，幸福不是与收入挂钩的，而是与收入和生存成本的比值挂钩的。

二、生存经济学的基本原理

经济发展主要表现为两方面，一方面是产品创新，新产品的不断出现，一方面是现有产品生产效率的提高，两者对民众生存有着不同的作用。产品创新，新产品的出现会导致民众生存成本的提高，生产效率的提高则可以提高民众的收入。经济发展所带来的这两方面影响是不同步的，一段时间内经济发展主要表现为新产品的出现，一段时间内经济发展主要表现为现有产品生产效率的提高。如果产品创新，新产品的出现速度超过了现有产品生产效率的提高，那民众的生存成本的增加就会超过收入的增加，民众的幸福感就会变差；如果经济发展主要表现为生产效率的提高，生产效率提高的速度超过新产品的创新速度，那民众收入的增长就超过生存成本的增加，民众幸福感就会增强。

产品创新会导致人类生存成本的提高并不难理解，因为每一个新产品都需要人类用其收入去购买，人类的生存成本就是随着一个个新产品、新服务的发明被不断推高的。新产品一旦发明，很快就会成为人类的生存必需品，会成为民众生存必需付出的账单，也就是生存成本的一部分。新产品的发明会导致人类生存模式的升级，随着经济的发展，人类的生存模式也有一个从低级到高级不断变迁的过程。这种生存模式的升级会带来生存成本的升高，因为这些必须用我们的劳动成果——收入来换取。人类进入现代社会的历史既是生活水平、生活质量不断提高的历史，也是生存成本、生存压力不断提高的历史，这是一个硬币的两面。

随着经济的发展，构成人类生存模式的饮食模式、居住模式、交通模式、通信模式、工作模式、社交模式等都在升级。20世纪80年代，中国人的主流生存模式是手表、自行车、缝纫机、收音机；90年代就变成了空调、彩电、冰箱、洗衣机；21世纪就变成了楼房、汽车、电脑、手机等，民众生存模式升级的路径非常明显。

人类生存模式升级的可怕之处在于，人们一旦进入了一种新的生存模式，再想回归到旧有的生存模式就几乎是不可能的。因为人类是生活在社会中的，绝大部分人的生存都是"社会化生存"，人们只能选择社会大众普遍的生存模式才可以更好地生存。如果有人不想随着社会进步进行生存模式升级，而是想一直坚持旧有的生存模式，那他的生存将不会变得更加容易，而是会变得更加艰难。比如现代人如果离开了手机、电脑、互联网，那么即使回到农村也是很难生存的。而且随着很多廉价商品的退市，一个人即使想维持旧有的生存模式也是很难的，比如小时候用过的很多商品，长大后就再也买不到了。

当然，经济发展也会带来人类收入的提高，产品生产效率的提高就会导致民众收入的增长，这也不难理解。因为人类的收入主要由劳动生产率——人类在单位时间内创造的价值决定的，人类在单位时间内创造的产品价值越高，收入就越高，这主要靠劳动生产率的改善。劳动生产率的提高主要是靠劳动工具、信息工具的改善，比如机械化、自动化、信息化等，人类收入一直在提高，本质上就是因为劳动生产率一直在改善。

在笔者的生存经济学研究中，用的是"生存成本"的概念，而不是用"生活成本"，这是因为某种程度上生活成本是可以压缩的，生活质量是可以有弹性的。但生存成本却是不可以压缩的。生存成本是生活成本中的一部分，是维持必要生活所需要的成本。不同的人，生存成本在生活成本中所占的比例不同。收入越低的人，生存成本在其生活成本中所占的比例越高；收入越高的人，其生存成本在生活成本中所占的比例越低。

三、生存成本是导致工资刚性的主要原因

生存经济学认为"生存成本"是导致"工资刚性"的主要原因。凯恩斯本人提出了"工资刚性"的概念，但他并没有进行解释。美国新凯恩斯学派的费希尔、耶伦等经济学家将"工资刚性"的概念改为了"工资黏性"，对这个问题进行了深入研究。他们通过长期合同、隐形合同、效率工资等理论对"工资黏性"进行了解释，但他们这些理论只能解释正常经济时期工资难以变动的问题，而不能解释经济危机时期工资不能变动的问题，经济危机时期的工资变动规律则完全不是如此。

经济危机时期，一些高收入人士的工资也是可以灵活调整的，很难调整的是低收入人士的工资，因为他们的工资受到生存成本限制，这才是经济危机时期会出现"工资刚性"的根本原因。因为社会上很大一部分人拿到的工资都是"生存工资"，他们的收入基本上接近于生存成本，即使爆发经济危机也很难降低，所以工资具有刚性。

生存经济学认为，当民众工资高于生存成本时才会表现出弹性，工资高于生存成本越多，弹性越强，相反，当工资接近生存成本时则开始表现为刚性，工资与生存成本越接近，刚性越强。生存经济学认为，出现经济危机后经济并不能很快自我修复，其中一个非常重要的因素就是工资的刚性。

工资刚性与工资黏性这两个概念虽然词义接近，但严格来说却有着不同的含义。工资黏性理论也只能解释工资黏性，却解释不了工资刚性，工资刚性更多的是指发生在经济危机时期的工资不能灵活下降的经济现象，"弹性工资""长期合同"等理论在解释经济危机时期的工资变动情况时就会出现失灵，凯恩斯所提出的经济危机时期的"工资刚性"问题只能用生存经济学的"生存成本"概念才可以得到完美解释。

四、宏观"幸福指数"的衡量

很多国家都用"幸福指数"来衡量一个国家的宏观幸福程度，笔者认为建立这样的指数肯定是有益的，但关键是如何确定衡量指标。很多新自由主义经济学家否认幸福与收入有关，而将幸福视为纯心理感受，这是非常错误的，完全不符合实际。物质决定意识，幸福经济学不仅是可以研究的，幸福指数更是可以量化，可以统计的，幸福指数完全可以变成一个与现实经济变量挂钩的方程式。

我认为幸福研究应该成为纯经济学的一个重要命题，而且是可以用经济学加以解释的。下面是我提出的幸福方程式：

幸福指数＝（个人收入／周围人平均收入）×（未来收入预期／现在收入）×（个人收入／生存成本）×个体差异

以上公式在不严格的情况下，也可以简化为：幸福指数＝收入／生存成本

如果衡量整个社会的幸福指数，也可以这样表示：幸福指数＝社会平均收入／社会平均生存成本

在我看来，第一，民众的幸福指数主要与收入和生存成本两个因素相关，幸福指数与收入成正比，与生存成本成反比。收入越高，幸福感越强；收入越低，幸福感越差；生存成本越高，幸福感越差；生存成本越低，幸福感越强。20世纪80年代，人们的幸福感是很强的，因为当时收入在不断增长，生存成本却变化不大。到了21世纪，随着教育、医疗和住房等改革的渐次展开，人们的生存成本骤然升高，幸福感也就有所降低。

第二，幸福感还来自同周围人的比较：个人收入高于周围人时，幸福感更强；收入不及周围人，幸福感就差。这种周围人可以是亲戚朋友，也可以是邻居、同事或是所在城市居民，主要是自己见闻所能及，且比较关

注的范围。

第三，幸福感还与未来预期有关。如果现在收入很高，而对未来预期收入不稳定，那幸福感就会很差，如果未来有稳定的预期，那幸福感也会很强。这可以从古代的养儿防老和现代的社会保障来证明。在古代，养儿防老其实也是一种收入预期。

第四，幸福还与个体素质有关。这主要是指心理素质、心理承受能力，而非欲望。另外，幸福与过去的收入没有关系，因为过去的收入对应过去的生存成本，现在的收入对应现在的生存成本。根据我的幸福指数公式，如果收入上升得很快，而生存成本上升得更快，那幸福感照样不会增强，反而会降低。所以，那些以收入增加来批判民众没有幸福感的说法站不住脚。

根据上面的幸福指数公式可知，要想提高民众的幸福感，可以从降低民众的生存成本入手，生存成本低了，幸福感自然也就增强了，也可以从建立社会风险的防范机制入手，社会风险越低，民众的收入预期越稳定，幸福感也越强。

与萨缪尔森幸福方程的比较。幸福是个古老的话题，前人也留下了很多研究成果，美国经济学家萨缪尔森也曾经提出过一个幸福方程式：幸福＝效用／欲望。

萨缪尔森方程式的缺点在于没有与一些具体经济因素挂钩，而是与效用和欲望挂钩。在经济学上，效用和欲望都是主观因素，没有办法量化。不仅对提高民众幸福度没有意义，还给了一些政策制定者推脱的借口。比如民众如果说自己不幸福，那有些人就会立刻拿起伦理的大棒批判民众的欲望太高了！现实中也确实充斥着这样的批判，这非但解决不了问题，反而起到了更坏的效果。

在我看来，要将幸福当做一个经济学问题研究，除去一切心理因素，采用客观量化的指标。在笔者提出的幸福指数公式中，收入与生存成本都是可以计量、可以统计的因素。

根据笔者的幸福指数公式，政府只需要做两件事，那就是不断地提高民众的收入和不断地降低民众的生存成本。这两点做好了，民众的幸福感自然就会增强。心理因素只能用来解释个体差异，并不是决定幸福指数的根本性因素。

五、微观幸福程度的另一个衡量指标——幸福剩余

以上"幸福指数"更多的是用于衡量一个国家的幸福程度，如果从微观上衡量单个个体的幸福指数就不需要那么复杂。对于单一国民的幸福指数，笔者建议可以用"幸福剩余"表示，在生存经济学中：

幸福剩余＝收入－生存成本

幸福剩余可以用于表示民众的幸福程度。幸福剩余等于收入减去生存成本的差额，对于个人来说，幸福剩余越大，生活的幸福感越强，幸福剩余越小，生活的幸福感越弱。如果我们的收入远远高于生存成本，幸福剩余很大，那么对于我们个人来说就是很幸福的；如果我们的收入与生存成本之间的差额很小，那幸福剩余就比较小，幸福感就会比较弱；当收入等于生存成本时，就没有幸福剩余，这时人们就完全没有幸福感；如果收入还低于生存成本，那么不仅没有幸福，还有痛苦。

负债消费一般来说并不会增加幸福剩余，但这一方面要看负债的程度，其次要看债务利息的承受能力以及货币贬值的速度。如果货币贬值很快，负债可以赚取货币贬值的收益，但要承受利息的压力以及其他无形的压力。

考虑生存成本的货币贬值问题。在生活中，经常会存在货币贬值的现象，而且人们对货币贬值的感觉往往会非常强烈，但是仅仅用通胀是无法解释货币贬值幅度的，也不符合我们的现实感觉。在生存经济学中，笔者认为生存成本的不断提高才是导致货币贬值的重要因素，比通货膨胀带给

我们的货币贬值感更强烈。生存成本的提高速度基本上是与经济增长的速度同步的，我们在此可以提出一个将"生存成本提高"考虑在内的货币贬值速度计算公式：

货币贬值的速度＝通货膨胀速度＋生存成本提高的速度＝通货膨胀速度＋经济增长的速度，而通货膨胀速度＋经济增长速度＝名义GDP增速，所以在现实中，货币是以名义GDP增速进行贬值的，只有这样计算的货币贬值才符合真实感受，也就是说，只有考虑了生存成本因素计算出的货币贬值速度才是符合现实感觉的。

结论：

总之，生存经济学是完全不同于福利经济学的研究范式。在生存经济学中，生存压力的问题、幸福程度的问题、收入与生存成本变动的问题，甚至宏观经济学中的工资刚性问题、货币贬值速度问题都可以得到完美的解释。可以说，生存经济学是一门解释力非常强的学问。

第十六篇

可以替代"费雪方程"
的"投融资货币方程"

——基于货币投融资功能的"货币流通速度"
计算问题研究

现代经济学中有两个非常著名的"货币方程"，分别是"剑桥方程"和"费雪方程"。"剑桥方程"是基于"现金余额"的研究，"剑桥方程"又衍生出凯恩斯和弗里德曼的"货币需求函数"，但是从根本上说，剑桥方程是对"外生货币"的研究，缺陷非常明显。"费雪方程"则以简单明了的形式反映了货币运行中的一些实质性问题，更重要的是，"费雪方程"还因为可以用于"货币流通速度"的计算而在现实中被广泛应用。

一、费雪货币方程式的错误

费雪方程式亦称货币交易方程，是耶鲁大学经济学教授费雪在 1911 年《货币购买力》一书中提出并得名。费雪方程被表示为"mv=pt"，考虑了货币流通速度问题，本来是可以兼顾"货币内生"的，而且费雪本人提出的"债务–通缩"理论也有关于"货币信用创造"与"货币信用收缩"的大量解读，但可惜的是，费雪将其货币方程定位为"交易方程"，更多的是考虑货币的"交易需求"，这就造成了费雪方程具有巨大的局限性。

费雪方程的危害不在于方程本身，而在于其应用。当我们将费雪方程用于货币流通速度的计算时，他的货币方程中的"货币流通速度"更多体现为"全社会商品交易的平均速度"，而非真正的"货币流通速度"，但可惜的是，费雪方程是目前经济学中唯一可以用于货币流通速度计算的公式，因此其危害性不可谓不大。

在现实计算货币流通速度时，费雪方程的右侧一般是用GDP数据替代，曼昆的《经济学原理》、米什金的《货币金融学》等主流教科书也都是这样讲述，但在现实中这是错误的。因为国内生产总值与基础货币数量基本是同比例增加的，所以利用费雪方程计算出的货币流通速度会常年没有什么变化，而现实中货币流动速度的变化却是非常快的，另外，国内生产总值由人们的消费水平决定，具有一定的稳定性，即使遇到严重的经济危机，国内生产总值的下降幅度也很小，因此用国内生产总值计算出的货币流通速度无法反映真实的货币流通速度。

当货币同时具有"交易"和"投融资"两种功能的时候，如果我们舍弃其"投融资功能"不考虑，只利用"交易功能"去构建"货币方程"也是失之偏颇的，而且到了现代社会，货币的"投融资功能"要远远大于货币的"交易功能"。在古代社会，货币只具有"交易功能"，现代社会自从有了银行信贷以及其他融资方式后，货币的"投融资功能"就变得越来越发达。

在凯恩斯的货币理论中，货币分类是按民众"持有货币的动机"进行分类的，"货币动机"与"货币功能"是两码事。当然，凯恩斯的"货币动机"分类也是借鉴了英国另外一位经济学家霍特里的理论，"货币动机"理论也只考虑了普通民众对货币的使用看法，并没有将企业对货币的使用功能包含在内，是一种比较狭隘的分类方法。我们研究现代货币应该要更多地将"企业的货币需求"考虑在内才是科学的，这一点无论是凯恩斯还是弗里德曼或托宾都做得不够好。

其实在现代货币流通中，绝大部分货币只是在"市场交易的那一刹那"承担着"交易功能"，在市场交易之前或市场交易完成之后都会进入银行转化为"投融资货币"。"交易货币"一旦完成交易，交易货币就从商品买家手中转向商品卖家手中，这时，商品卖家马上就会将货币转变为银行存款，成为储蓄，而储蓄就是"投融资货币"的重要表现形式。除非卖家得到货币后将货币存入"保险柜"而不进入银行，这在纸币时代是普遍存在的，但到了互联网时代、电子货币时代，无论是个人还是企业，将钱存在保险柜，而不存入银行的情况都比较少见了。这类停留在个人或企业手里的"现金"，我们称之为"纯自用货币"，将存入金融机构的货币称为"他用货币"。

我们虽然将现代货币分为"交易货币"和"投融资货币"两种主要表现形式，但这两种货币都是同一货币，他们只是在不同的时间点扮演不同的角色。"交易货币"与"投融资货币"两者之间是相互转化的，"交易货币"存在的时间非常短，货币绝大部分时间都是以"投融资货币"的形式存在，货币只要进入银行就成为"投融资货币"。"纯自用货币"的数量也是非常少的，"纯自用货币"对应现代货币分层统计中的"M0"，是指银行体系之外民众或企业拥有的现金货币，货币一进入银行就说明自己暂时用不到，就成为理论意义上的"他用货币"。

二、货币流通速度的计算公式

经济学中，计算货币流通速度一般是用GDP除以基础货币，但这种计算方式是将货币百分之百假设为"交易货币"来进行计算的，而且自从有了银行，有了货币的"信用创造"之后，这个方程就已经不再适用。费雪方程的右侧应该是"运行货币数量"，"运行货币数量"一般是大于"国内生产总值"的，其实费雪生活的时代银行已经普遍存在，货币的"投融资功能"也已经非常发达。

如果我们假设货币以"投融资货币"为主，那么货币方程应该是：

基础货币数量×货币流通速度=运行货币数量="纯自用货币"+"投融资货币"

货币流通速度的计算公式是：

货币流通速度=（"纯自用货币"+"投融资货币"）/基础货币数量

"自用货币"是指居民和企业拥有，但没有用于储蓄和投资的货币，但是现代社会这种"自用货币"是非常少的，因为居民货币或企业货币都进入了银行体系，货币只要进入了银行体系就变成了"他用货币"，所以实际计算货币流通速度时也可以这样简化：

货币流通速度＝"投融资货币数量"/基础货币

鉴于现代货币主要以"投融资货币"的形式存在的现实，我们认为可以用"社会融资总规模"这一统计数据代替"投融资货币"的数量。

中国一直存在"社会融资规模"统计，这个数据变动比较大，因此用这个数据计算出来的货币流通速度变化也比较大，这样才真实。

现实中，"运行货币数量"是高于国内生产总值的，真实的货币流通速度也大于利用费雪方程计算出的货币流通速度，另外，"运行货币数量"变动也很大，因此真正的货币流通速度变化也很大。如果我们要准确计算货币流通速度，就应该废弃费雪方程，改用以"投融资货币"为基础的货币方程进行计算。

三、"货币流通速度"背后应该代表什么？

货币的"放大"不仅是在"市场交易"中实现的，也是在银行体系的"信用创造"中实现的。"费雪方程"的货币流通速度的本质在于"货币的多次交易"，而笔者提出的"投融资货币方程"中的货币流通速度在于"货币多次信用创造"。

在考虑到"货币信用创造"的情况下，货币生产实质上存在"两个车间"。"第一车间"是央行的印钞厂，这个车间生产真实货币；货币生产的"第二车间"是银行等金融机构，银行生产的是"信用货币"，是企业的"存贷款行为"产生出来的货币。"第二车间"的货币生产能力往往是"第一车间"的几倍。"第一车间"的货币进入"第二车间"进行"信用创造"的过程，也是"发行货币"向"运行货币"的转化过程。

市场上"有效货币供给"的多少，并不仅仅取决于增加了多少"外生货币"（央行"第一车间"生产的货币），"外生货币供给"只有流动起来了才可以变为"内生货币"（银行"第二车间"生产的货币），才可以增加"有效货币供给"。

真正决定流通速度的从来不是"外生货币供给"，而是以"内生货币"为主体的"有效货币供给"。不管经济繁荣还是萧条，"外生货币"的数量基本上是没有变化的，真正有差距的是"内生货币"。经济繁荣时，货币内生能力强，"有效货币供给"非常高；经济萧条时，货币内生能力差，"有效货币供给"非常低。不同时期货币内生能力的不同也决定了货币流通速度的不同。经济繁荣时，货币内生能力强，货币流通速度就高；经济萧条时，货币内生能力差，货币流通速度就慢。当货币流通速度降到零时，就是凯恩斯所谓的"流动性陷阱"。经济危机时期的"货币流通速度变慢"的问题往往都是出在货币生产的"第二车间"，而不是"第一车间"。"第二车间"产生了大部分的运行货币。

其实费雪方程也并非费雪的原创。费雪方程在约翰·穆勒的政治经济学原理第八章第四节《货币的价值取决于流通速度》一文中早就有非常完整的表述，费雪当时应当是知道约翰·穆勒的，而且费雪方程完全符合穆勒的表述，费雪只是将穆勒的文字表述变为了公式。我们在此提及此事不是要讨论费雪方程是否抄袭了穆勒，而是要说从穆勒到费雪的研究路线都是错误的。

四、决定货币流通速度的背后因素

现代社会，决定货币流通速度的不是"商品的交易效率"，而是"企业的投融资效率"。在"投融资货币"为主体的情况下，笔者认为"利率"是决定货币流动速度的一个关键因素。从供给侧看，货币流通速度是利率的函数，高利率才可以提高投融资效率，可以促进货币派生，可以提高"有效货币供给"，货币的流通速度也就快了。

从供给侧看，高利率可以提高货币流通速度主要基于两点：首先，利率越高，民众储蓄与投资理财的热情越高；其次，利率越高，金融机构受到的激励越大。前者可以为金融机构提供充足的资金，后者可以保证金融机构有足够的积极性将资金输送到实体经济，因此，高利率环境下的货币流动的意愿要高于低利率时期。高利率环境下，货币流通速度的加快是从对民众和金融机构的双重激励实现的。其中，凯恩斯通过对货币三大需求之一的"投机性需求"的研究发现了民众的利率激励问题，笔者又增加了金融机构的利率激励分析，这样就更加完整了。当然，除了供给侧的因素外，需求侧也是制约货币流通速度的因素之一。货币的需求侧——企业是低利率偏好的，在考虑到货币需求侧因素后，我们认为货币流通速度最快的时候也不是货币利率最高的时候，而是一个中间的利率，这个中间利率我们也称为"最优中央银行货币利率"。

五、总结

当我们提出"投融资货币"的概念后，货币流通速度的问题就已经比较明了。在当

代社会，"投融资"已经成为货币的一个重要功能，也是决定货币流通速度的关键因素。我们利用"投融资货币方程"计算出来的货币流通速度更接近真实的货币流通速度。

第十七篇

宏观知识理论

——政府作用与中国经验

1945年，奥地利学派的哈耶克在《美国经济评论》上发表过一篇《知识在社会中的运用》的论文，这篇论文也被《美国经济评论》评为百年经典论文。这篇文章对政府的"知识劣势"进行了批判，认为知识分散在民间，只可意会不可言传，政府不可能掌握，因此政府不可能为市场做规划或计划，在所有反对政府干预经济的研究中，哈耶克这篇文章无疑是理论性最强的，也是影响最广的。不少看过这篇论文的人会对"政府作用"失去信心。在笔者看来，哈耶克的很多观点是错误的，他的错误就在于他没有对知识进行"宏观知识"和"微观知识"的区分。

一、"宏观知识"的概念定义

哈耶克在文章中所说的知识大概指的是"微观知识"，而政府无论是做规划还是计划都不需要掌握"微观知识"，这些知识能否"有效传递"与政府没有任何关系，政府不需要知道服装怎么生产，也不需要知道饮料怎么定价，政府只需要掌握"宏观知识"即可。政府在掌握"宏观知识"方面是具有优势的，而且随着人类文明越来越发达，"宏观知识"所占的比重也越来越大。

在学术上，"宏观知识"应该作为一个范畴被提出来。宏观知识往往立足于对整个国家、整个社会的宏观把握，可以是统计数据，又不完全是统计数据，统计数据只是"宏观知识"的一部分，比如对宏观现象的发现，对宏观情况的把握，对经济趋势的发掘等都属于"宏观知识"。"宏观知识"与很多"微观知识"一样，有时候也具有"只可意会不可言传"的特征，但只有从事宏观工作的人才可以发现并掌握这些"宏观知识"。当政府掌握了这些"宏观知识"时，就可以将其用于经济发展或社会稳定。"宏观知识"的用处很多，不仅政府可以自用这些宏观知识，政府还可以将自己掌握的"宏观知识"传达给企业或民众，对企业或民众的生产生活产生促进作用，比如在古代"地图"往往是政府绘制的，"历法"也是政府编制的，"历史"也是政府记载的，甚至文化的传播也是政府行为，中国古代的"乐府诗歌"就是政府组织编辑的，但这些并不妨碍民间也使用这些知识。在现代社会，"宏观知识"很大程度上体现为政府定期公布统计数据，政府资助的研究报告等，这些宏观知识的成果都是对外公开的，是私人很难产生的，政府既是"宏观知识"生产者，又是使用者、传播者。

在现实中，政府对经济社会有重大作用，政府的产生本身也是人类一个伟大发明，但是"政府的作用"一直没有从理论上得到解释，而"宏观知识理论"就可以很好地解释政府的作用。其实当年"社会主义经济核算大论战"期间，哈耶克就是利用"知识理论"来构建自己的主张，现在我们仍然可以通过对"知识理论"的创新对"政府作用"提出新认识，同时"宏观知识"理论可以帮助大家走出哈耶克带给大家的对知识的刻板印象，对"知识"的不同理解完全可以帮助我们重塑对市场与政府的认识。

二、"政府产业规划"就是发挥政府"宏观知识"优势的典型案例

关于政府利用"宏观知识"促进经济发展的案例不胜枚举，比如政府定期公布的"经济统计数据"就为民间企业的投资决策提供了重要参考。除了"统计数据"，政府还会利用自己的"宏观知识"优势积极制定"产业发展规划"，为企业家提供投资方向——企业家大多是"埋头拉车"，很少"抬头看路"，单靠企业家一己之力，他们发现大的商业机会的能力非常有限。如果政府将商业机会"明示"给企业家，企业家就可以迅速跟进。很多企业家的投资机会都是政府帮他们发现的。政府鼓励的产业大部分是薄

弱产业，是需要大力发展的产业，其中蕴藏着大量的投资机会，政府的明文鼓励，不仅可以带来投资机会，也会同时带来资本和政策，对于政府明确鼓励的行业，金融机构也一般会积极给予资本支持。在政府的鼓励下，企业同一时间进军某个行业，可以带来行业的"规模效应"，迅速形成产业链、供应链优势，可以避免或降低单一企业或少数企业进行行业探索过程中的试错成本，也可以避免单一或少数企业进行市场突破过程中出现的生产要素短缺和市场认知度低等问题。

笔者在对中国经济的长期观察中发现，政府只要想重点发展哪个行业，哪个行业就会很快发展起来，而且政府鼓励发展的产业绝大部分都是中国急需要发展的产业，从出口导向制造业到房地产，从装备制造到清洁能源，从新能源汽车到5G信息技术等，只要进入中国政府产业规划的产业很快就会跻身世界前列。

三、西方学术界和政策制定者开始认可中国模式

不仅生在中国的经济学家对"政府产业规划"的作用深有感触，很多海外学者也持有类似看法，比如经济学家邹至庄在《我的老师弗里德曼》的纪念文章中写道："弗里德曼对自由市场很有信心，相信它能解决几乎所有的经济问题。我在芝加哥大学毕业后也持有同样的观点。1955年，我到麻省理工学院斯隆管理学院任教，我的思想开始改变。在麻省理工学院，我受到保罗·萨缪尔森和罗伯特·索洛的影响，开始发现政府在经济中的作用。我认为在发展中经济体中，政府有一个重要的角色：影响新兴产业的发展。"邹至庄是市场化的旗手人物，又是弗里德曼的亲传弟子，能有这样的思想转变实属不易。

不仅是学术界的人，就连西方国家的经济政策制定者也开始思想转变。

从一些美国学者和政策制定者的言论可以看出，世界主要大国对产业

政策和政府作用的认识正"趋于一致"。

其实，目前人类只是从"实践层面"认清了政府产业规划的优势，但真正从理论上将这种优势讲清楚的，恰恰是我们提出的"宏观知识理论"。政府之所以能够制定"产业规划"，就是因为政府具有"宏观知识优势"。"宏观知识优势"是政府制定产业规划之本，是政府在经济管理中发挥作用的理论基础，而所谓"自由市场"显然缺乏这些知识，或是说，自由市场浪费了这些"宏观知识"。从"宏观知识"视角就可以发现，"自由市场"根本无法对"政府作用"形成有效替代。

四、利用"宏观知识"发挥"政府作用"与传统凯恩斯经济学"政府投资"的区别

在传统凯恩斯经济学中，政府发挥作用的空间主要是"政府投资"。"政府投资"可以拉动内需，形成经济增长，但在我们的"宏观知识理论"中，政府不需要投资，只需要进行"投资方向"的规划就行。真正的"投资主体"仍然是企业，这两种情况是完全不同的。传统凯恩斯经济学强调的是"政府为市场创造投资机会"，政府投资可以承包给民间企业，也可以带动民间企业投资，而"宏观知识理论"强调的是"政府为市场发现投资机会"。一个是"创造"，一个是"发现"，这是两个概念。后者需要政府的"直接投入"比较少，但效果也不一定差，而且政府为市场"发现"投资机会，不仅适合正常经济时期，也适用于经济危机时期。2008年全球经济危机爆发后，中国就出台了"十大产业振兴规划"，这些振兴规划就是政府为民间投资发现机会，这些规划都有助于走出经济萧条。

政府指出"投资方向"的好处在于，它会引导民间投资爆发式、集中性地向一个方向集聚，这样才能快速形成"产业链优势"和"规模效应"，才能推动一个行业的迅速崛起，这也是民间自发发展难以达到的效果，因

此当"政府投资方向规划"和"民间企业投资"配合在一起的时候，就会形成比较完美的经济局面。当然，如果政府在出台"投资规划"的同时也出台一些政策，配套一些资金会更好，但这与凯恩斯经济学强调的，完全依靠政府"财政投资"是完全不同的情形，但效果类似。

政府利用"宏观知识"优势去引导民间投资更多靠"宣传引导"，而非"出钱"，也无须"亲自下场"，政府只要说往这个方向要"大力发展"，民间投资就会大举涌入，比如政府倡导"大力发展装备制造业"，中国大量的装备制造就摆脱了过度依赖进口的窘境；政府倡导大力发展"清洁能源"，中国的太阳能、风能很快就跻身世界前列；政府倡导发展"特色小镇"，一大批特色小镇发展了起来；政府倡导乡村振兴，中国的乡村很快面貌一新；政府倡导发展"5G技术"，中国5G技术做到了世界第一；政府倡导大力发展新能源汽车，中国的新能源汽车很快就全球领先。"制定产业发展规划"已经成为中国经济从长期实现成功崛起和从短期快速克服经济萧条的核心秘诀之一。归根结底，政府就如军队的将官，对民间投资的意义在于"指挥"。

五、企业是"政府产业规划"的最大受益者

民间企业虽然有资金、有干劲，但在"宏观知识"方面具有天然劣势，他们往往苦于没有投资方向，找不到好项目，而政府指出的投资方向大部分是经过论证的，是科学的，不仅是符合国家发展阶段的，也是蕴藏着大量投资机会的。政府"指明方向"后，企业大部分时候都可以放心大胆地去干，这样政府"一声令下"，民间企业就会"万军齐发"。政府是行业发展的"大脑"，企业是行业发展的"四肢"，两者配合好，一个行业很容易攻破，一个短板很容易补上。在这个过程中，民间企业将是最大的受益者，将会享受到国家发展的巨大红利。世界上很多顶级企业家都是在国家产业规划的大背景下走向个人财富巅峰的，真正的企业家都是时刻关注国家发展大势的。

当然政府规划也有"出错"的可能，但"政府出错"的概率要远远低于民间企业，但民间企业抓住政府创造的机会也需要"赶早"，如果参与晚了，行业也就产能饱和了，政府规划的产业也会像民间自发发展起来的产业一样，会最终形成"红海"，这点并没有本质区别。政府规划的产业也并不能保障每个参与者都会取得巨大投资收益，巨大的投资收益只会属于具备核心优势且正确把握住"参与时机"的企业。

利用"宏观知识优势"发挥"政府作用"是世界各国政府都可以做到的事情，发达国家也都有过成功案例，比如美国制定过"信息高速公路计划"，德国提出了"工业4.0"，日本、新加坡等也非常重视产业规划，但新时代的中国相对于他们更具优势，"企业家精神"并非企业家独有，政府也可以具备。

六、总结

哈耶克在其自传中写道："《经济学与知识》那组文章是我对经济学理做出的最有原创性的贡献，是我以一个新的视角进行研究的开端，在此之前，我不过是发展传统的观点而已，看到那篇文章发展的那一刻，也许是我学术生涯最激动的一刻。"其实，很少有人会想到"自由市场"与"政府作用"的理论交锋最终体现在"知识"领域。当我们将知识进行了"宏观知识"和"微观知识"的区分后，我们对"政府作用"的认识也顿时变得清晰起来。从学术上，我们认为政府具有"宏观知识"优势，也应该发挥好"宏观知识"优势。政府利用"宏观知识"促进民间投资几乎是不需要成本的，这也是宏观调控的一种重要形式，属于产业政策调控的范畴。本书提出"宏观知识"的概念就是要为政府的产业政策建立理论依据，同时，打破哈耶克在长达百年的时间里给人们造成的"政府具有知识劣势"的思想禁锢，可以让政府放开手脚去发挥其在市场经济发展中应该发挥的作用。

第十八篇

"无感调控"理论

——一种新型经济调控理念的提出

进入现代社会以来，"经济调控"已经成为政府的重要职责，也成为我们生活中一件"理所当然"的事情，然而"经济调控"也是有代价的。我们将经济调控分为"痛感调控"和"无感调控"。"痛感调控"是我们正在经历的，而"无感调控"是我们应该追求的。

一、"无感调控"理念的提出

"痛感调控"是指政府为了实现经济调控的目的推出的政策，却给企业与民众造成痛感的方式，比如货币调控就是典型的"痛感调控"，政府通过货币紧缩、提高利率，让企业感觉"高利率"的痛苦，然后被迫缩减投资，以达到调控的目的。

"痛感调控"是一种惩罚式调控，必须让社会感觉到"痛感"，然后利用这种痛感，才可以迫使企业和民众的经济行为发生改变，经济才可以达到调控目标。而现在流行的以货币调控为主的调控方式就是痛感调控。

"无感调控"是指在经济调控过程中，不以给企业和民众造成痛感为代价，而是通过只改变政府一方的行为，从而达到经济调控目标的调控方式。在"无感调控"中，企业和民众的经济行为不受调控影响，而只通过政府自身行为的改变达到调控目标。"无感调控"主张经济调控应该不引起新的经济波动，不引起资本的紧缩，让民众毫无感觉的情况下，政府静悄悄地完成经济调控目标。"无感调控"的本质是"将负重前行交给政府，民众只管享受岁月静好"。

二、现代"经济调控"暴露出来的问题

"经济调控"本是好事，经济调控的目的是实行经济的"无波动增长"，自从凯恩斯创立宏观经济学以来，人类就一直追求经济的"无波动增长"，也就是俗称的"熨平经济周期"。从现实来看，这是必要的。经济波动的本质是"经济内部能量的不均匀释放"。根据经济能量释放的类型，我们可以将经济分为两种：一种是温泉型经济，一种是火山型经济。温泉型经济就是经济能量缓慢、匀速释放的经济；而火山型经济则是经济能量在一段时间剧烈释放，又在一段时间休眠的经济。温泉型经济是必须经过控制才可以实现的，而火山型经济则是对经济控制不利的结果。温泉型经济是好的、理想的，是我们要追求的经济情形，但温泉型经济的实现则需要调控的艺术。

现实为了追求温泉型经济，人类往往对经济实行"强调控"，这种"强调控"是要付出代价的，有的时候这种代价非常大，以至于在熨平大的经济周期的时候又产生"小经济周期"，经济调控的危害就体现在这种"小经济周期"上。经济调控本身是道德正义的，但经济调控给民众带来"次生危害"导致经济调控的"正义性"变成了"争议性"。

现代"经济调控"容易产生"次生危害"的主要原因是因为现代经济调控过度倚重"货币政策"手段，"货币政策"实施的过程中必然会有"货币紧缩"，"货币紧缩"对微观经济个体的危害是非常大的，甚至是规模越大的企业，受到的影响越大。每次经济调控都会有大企业轰然倒下，诸如美国硅谷银行的倒闭，人们往往是"闻调控而心惊"。货币政策还因为滞后效应而经常出现"超调"，一旦"超调"，对经济的危害就更大。

"无波动增长"只有与"无感调控"结合起来才会达到比较完美的经济状态，但是目前人类一直在往"无波动增长"努力，即使增加民众的痛

感也在所不惜。鉴于现在经济调控的危害，笔者提出"无感调控"的概念，如果人类在实行经济"无波动增长"的同时也实现了"无感调控"，那时"经济调控"理论才算得上是走向成熟。

笔者研究宏观经济学的核心主张就是要实现"无感调控"，在笔者提出"无感调控"的概念前，"无感调控"并没有被主流经济学界意识到。而要实现"无感调控"，就是要对现行的"经济调控"模式进行优化升级。当然，这是不容易实现的。这就像去除一副药的毒副作用一样难，需要有新的理论突破才行。但不管怎样，"无感调控"作为一种新型的调控理念，应该成为现代经济调控的一种趋势与必然要求。人类对经济的调控方式应该是不断优化的，正如汽车生产商一直在优化其减震系统一样。

三、民众的"风险厌恶"与企业家的"政策无预期"

我们需要"无感调控"的现实基础是民众的"风险厌恶"与企业家的"政策无预期"。笔者在其他理论中就曾指出，现代社会一个重要矛盾是"民众追求安定美好的生活与不断爆发的经济系统性风险之间的矛盾"，绝大部分民众是"风险厌恶"的，而"无感调控"则可以做到"将负重前行交给政府，民众只管享受岁月静好"。

除了民众的"风险厌恶"，企业家的"政策无预期"也是我们实行"无感调控"的基础。庇古和凯恩斯最早在经济学中提出并使用了"预期"的概念，但他们的"预期"是企业家本人对自己企业未来的预测。后来，弗里德曼引入"适应性预期"，卢卡斯引入"理性预期"，尽管这两个概念并非他们发明，但是他们的使用拓宽了这两个概念的影响力。这两种"预期"指的是企业家对政府政策的预期以及针对政府政策做出的反应，其中"适应性预期"是指企业家会迎合政府政策做出行为改变，而"理性预期"是指企业会做出与政府政策期望相反的行为。

无论是"适应性预期"，还是"理性预期"，这些都超出了企业家的实际能力。企业家只对自己企业未来的盈利情况存在预期，但对政府政策则是"无预期"的。企业家的这种"政策无预期"其实是完全独立于"适应性预期"和"理性预期"的一种状态，是更真实的企业家面对政府政策的反应。企业"无预期"是指企业家对未来货币政策以及货币政策之外的其他宏观经济政策的变化不做任何预测，也不提前采取任何对策。

　　企业家"无预期"虽然也是一种假设，但是这种假设却更真实，企业家对政府政策"无预期"的结果就是企业家只会被动接受"经济调控"的结果，这种情况下企业很容易成为政府"经济调控"的受害者。因为无论多么好的企业都受不了波动，无论多么辉煌的企业，只要几个月没有订单就可能倒闭，企业家多年的积累就可能毁于一旦。其次，企业职工也受不了波动，失业是任何一个人都不愿意遇到的。

　　当然，我们也不排除极少数企业家会对政府经济政策做出"适应性预期"或"理性预期"，但这并非企业家的主流。"政策无预期"才是主流。政府周期性的调控政策会对企业家形成周期性的帮助或惩罚，但在经济调控中，无论是受益还是受害，企业家都是很难提前预知的。

　　学术界提出"适应性预期"和"理性预期"本身就是笔者之前说过的"学术干扰"或"干扰性学术研究"，是指学者提出与现实相反的假设以及在这些假设基础上得出结论的研究。"干扰性学术研究"对我们了解真实世界并没有太多的帮助，甚至有害，理性经济人假设、"一般均衡"研究、奥地利学派的"过度投资理论"都属于这类"学术干扰"，这种研究往往只可以形成"内部一致性"，而无法形成"外部一致性"。如果用弗里德曼的标准就是，这种理论都无法禁受住"预测"的检验，因此，无论是弗里德曼的"适应性预期"假设，还是卢卡斯的"理性预期"假设，都因为与现实不符，提出不久就被学术界抛弃了。

　　鉴于民众的"风险厌恶"和企业家的"政策无预期"，我们认为"无感调控"至少要做到两点，一是"企业无感"，二是"民众无感"。"无感调控"中的"无感"主要表现为不要让他们突然受到政府调控的惩罚。

四、"无感调控"必须是"精准调控"

如果要做到"无感调控"，就需要调控得"非常精准"。因此，笔者提出的"无感调控"本质也是"精准调控"。"精准调控"也是笔者在2013年提出的一个原创经济学概念。

经济调控主要有两个方面，一个是对经济周期的调控，一个是对通胀的调控。其中，对经济周期的调控完全可以依赖于财政政策，而不依赖于货币政策，而对通胀的调控也不一定需要货币政策，这需要理论的创新。

在具体的学术研究中，笔者主要从两个方面构建"精准调控"理论。一个是提出了"内生性与外生性通胀"理论，对通胀进行了"辩证分类"，指出"通胀不一定是货币现象"，而且也不是每一种通胀都需要进行"货币紧缩"，绝大部分通胀都无须动用货币政策。我们对"通胀"分类清楚了，才可以"精准施策"。

在笔者的"内生性与外生性通胀"理论中，"内生性通胀"是由于经济增速过快引起的，可以通过"财政调控"降低经济增长速度解决；"外生性通胀"分为两种，分别是"生产要素短缺型外生通胀"和"货币增多型外生通胀"，其中"生产要素短缺型外生性通胀"主要通过产业政策解决，"货币增多型外生通胀"主要通过收缩货币解决。通过这样的辩证分析，我们就会发现，大部分通胀都不需要动用货币政策，现在一遇到通胀就动用货币政策的方法是有待商榷的。

调控经济周期和通胀都需要用到"财政调控"，针对"财政调控"，笔者还提出了"量化财政调控"理论。"财政调控"相对于货币调控是更加温和的，也是更受民间欢迎的，但是当年凯恩斯构建"乘数"理论时，更在乎投资对收入的影响，因此他构建的是"投资－收入乘数"，这种乘数只能停留于理论层面，并不能用于计算，笔者提出了新的"政府投资带动乘数"。这个乘数构建的是政府投资对民间投资和社会总投资的带动关系，这样我们就可以利用"政府投资带动乘数"推算在经济萧条时到底需要进行多少政府投资。

现代宏观调控主要是针对"通胀"和"经济周期"两大问题展开的，而笔者的"无感调控"理论中"通胀"和"经济周期"两大宏观问题方面都可以做到精准解决。"精准调控"是有针对性地综合应用财政、货币、产业，甚至行政等多种手段达到调控目标，而非只依赖"货币政策"一种手段。当然，笔者提出的"精准调控"是建立在理论创新之上的。其实，各种调控手段早已有之，但只有在新理论的指导下才可以做到精准化实施。我们对经济问题"精准调控"后就可以避免使用"货币调控"这种给民众造成"痛感"的方法，尽量接近或达到"无感调控"的目标。

五、"无感调控"是互联网时代的要求

人类现在使用的经济学理论绝大部分都是"互联网时代"之前创立的。西方经济学已经近三十多年并没有出现革命性的变化。但自从有了信息互联网之后，人类经济各个领域都已经发生了翻天覆地的变化，特别是互联网极大地拓展了人类的交往范围，经济的紧密性比以前更强，这会导致经济风险成倍扩散。另外，各种金融产品也因为互联网的出现而诞生出来，经济的链条更长了。因此，互联网出现之后，一方面货币调控会因为经济紧密性的增强，更容易带来经济风险，而且经济风险不再孤立地出现，而是牵一发而动全身的出现；另一方面，因为经济链条的增长，货币调控的效果却大不如前。这两方面的原因导致人类必须革命以前货币调控的宏观调控方式。

我们将"无感调控"和"精准调控"定位为互联网时代的调控，当然，弗里德曼本人在晚年经历了早期互联网时代的发展，但他的货币理论却是在互联网时代之前提出的，大部分没有经受过互联网时代的检验。进入21世纪以来，货币调控越来越显得力不从心，而且造成的风险也越来越大，人类亟须"互联网时代的新经济学".因此，人类经济调控走向笔者提出的"无感调控""精准调控"已经成为必然。

六、制度与法律代替不了政策

很多持"自由市场"观念的人士往往会同时强调"法制"的作用，但在笔者看来，对于社会治理来说，政策、制度、法律三者是"三位一体"的，但具体到"经济治理"，市场经济不能完全依赖于制度与法律，而是应该更多依赖于"政策"。在"经济治理"中，政策的作用是大于法律与制度的。这因为宏观经济是"动态"的，经济政策也是"动态"的，两者是互相匹配的，但法律与制度却是"静态"的，与经济形势的"动态性"是不匹配的。在动态的经济形势面前，动态的政策比静态的法律和制度更有用。因此，我们提出一个理论：

好的市场经济＝好的制度＋好的法律＋好的政策

当制度和法律相对固定的时候，经济治理改进的空间在于经济政策的改进。"无感调控"理念的提出就是为我们以后进行宏观调控的优化指明了改进方向。而且通过我们提出的与之配套的理论创新，"无感调控"是可以做到的。更重要的是，"无感调控"它不是一套固化的理论体系，而是一种"新型理念"。我们只要认可这种新型调控理念，就会不断有各种新的理论或政策被创新出来。因此，我们要贯彻"无感调控"理念才是我们经济政策转型的前提。

第十九篇

论"资本边际收益率崩溃"

——"廉价货币政策"的理论错误与影响

20世纪"大萧条"时，凯恩斯用"资本边际效率崩溃"的概念打败了哈耶克，哈耶克的"过度投资理论"在大萧条面前成为笑话，经济学界被凯恩斯一统江湖。早期为凯恩斯摇旗呐喊的勒纳、希克斯、卡尔多等学者大部分是哈耶克当年的同事或学生，这些人成为第一代凯恩斯经济学的核心骨干。然而，20世纪50年代后，廉价货币政策又开始复苏，特别是弗里德曼创立货币学派之后，"廉价货币政策"竟然成为治理经济萧条的主流手段之一。本篇在凯恩斯研究的基础上，从"资本边际收益率崩溃"和"廉价货币政策与金融机构激励不相容"的角度批判了"廉价货币政策"，并且指出了其社会危害性。

一、"资本边际收益率崩溃"与"资本边际效率崩溃"有何不同？

凯恩斯之所以能够打败哈耶克，一个重要原因是他提出了"资本边际效率崩溃"的概念，成功地解释了大萧条时"为何廉价货币政策"无效。凯恩斯在《就业、利息和货币通论》第十三章利率通论中写道"如果资本的边际效率比利率下降得更快，那么投资量也不会增加"；第二十二章写道"降低利率会有帮助，但在目前，资本的边际效率可能崩溃到一定程度，以至于在实际可行范围内，利率无论怎么降低都不能使经济复苏，如果仅仅降低利率就已经是有效的补救方法，而且复苏的方法已经在金融当局的直接控制之下，然而实际上并非如此，使资本的边际效率复苏并不是一件容易的工作，而且决定资本边际效率的，是不受控制、无法管理的市场心理"。

以上两段是凯恩斯《就业、利息和货币通论》一书中较为核心的内容，凯恩斯并不反对低利率，只是他认为企业家的"资本边际效率崩溃"会导致低利率货币政策的无效。笔者在此还要提出一个新的概念——"资本边际收益率崩溃"。这是两个完全不同的概念，凯恩斯的"资本边际效率崩溃"指的是企业家的资本效率崩溃，是指在经济萧条、通缩紧缩的情况下，企业家投资什么都无利可图，因此企业家不会再新增投资，谓之"资本边际效率崩溃"；笔者提出的"资本边际收益率崩溃"是指在"廉价货币政策"背景下资本无利可图，同时资本收益也无法覆盖投资风险，资本不再向实体经济进行投资的现象。凯恩斯是从企业家投资层面定义"资本边际效率崩溃"的，笔者是从"资本投资"层面定义"资本边际收益率崩溃"的，两个概念指向完全不同。在笔者看来，"廉价货币政策"的失灵，除了民众和企业家的因素之外，更多是"廉价货币"自身因素导致，因为"廉价货币政策"意味着对资本方的伤害。

二、"廉价货币政策"为何在大萧条后长期退出历史？

在现代经济治理中，货币政策已经不再是单纯满足社会对货币的"三大需求"——"谨慎需求""交易需求"和"投机需求"，现代货币更多的是充当一种"功能货币"，即用货币数量或货币利率政策去平抑经济周期，因此"廉价货币政策"常常成为政府拯救经济萧条的主要手段之一。

在凯恩斯提出"资本边际效率崩溃""流动性陷阱"等论述之后，"廉价货币政策"在很长的时间内变得臭名昭著，当然，除了凯恩斯在《就业、利息和货币通论》中对"廉价货币政策"的猛烈批判和对"财政投资政策"的宣扬外，"廉价货币政策"在大萧条中的失败也是现实原因。

20世纪大萧条时，多国政府实行了"廉价货币政策"，但在大萧条面前几乎没有效果，"廉价货币政策"并没有促进企业家新增投资，奥地利学派担心的"过度投资"更是不可能出现，在当时，"廉价货币政策无效性"几乎成为整个经济学界的共识。伦敦政经学院那些一开始信奉哈耶克的师生们也都投奔凯恩斯阵营，成为凯恩斯财政政策的拥护者。关于货币政策在很长时间内退出历史舞台，弗里德曼在他1968年发表的《货币政策的作用》论文中写道"大约20年来，大家都相信货币政策已经被新的知识淘汰了，货币政策无关紧要了"，而且弗里德曼认为"这些见解在经济学同行中被普遍接受"。我们从弗里德曼的论述就可以看出凯恩斯的理论在当时是多么有影响力。

三、"廉价货币政策"后来是如何起死回生的？

"廉价货币政策"在凯恩斯的攻击和大萧条的验证下一时变得臭名昭著，但在"二战"后又奇迹般地复活了。最先复活"廉价货币政策"的并不是弗里德曼，而是萨缪尔森。这要从"菲利普斯曲线"的提出说起。菲利普斯曲线由新西兰经济学家威廉·菲利普斯于1958年在《1861 — 1957年英国失业和货币工资变动率之间的关系》一文中最先提出的。菲利普斯曲线本来论述的是失业与工资变动之间的关系，后来，萨缪尔森和索洛两人将菲利普斯曲线改造为通胀与失业之间的关系，并写入经济学教材。被改造后的菲利普斯曲线证明了通胀和失业具备负相关关系，因此有人据此提出"容忍一定程度的通胀有利于减轻失业"的观点。"菲利普斯曲线"从一个"经验总结"摇身一变成为"经济增长理论"，而要形成通胀就必须依赖"廉价货币政策"，这是萨缪尔森和索洛的新突破。被改造后的菲利普斯曲线本质上是反凯恩斯主义的，更重要的是，其变相复活了凯恩斯排斥的货币政策。

真正让"廉价货币政策"起死回生的是弗里德曼。弗里德曼在《美国货币史》中用统计方法证明了大萧条时期虽然降低了利率，但是货币数量并不充足，货币数量甚至减少了三分之一。弗里德曼的统计结论对美联储的货币政策影响极大。弗里德曼之后的"廉价货币政策"不再局限于"实行低利率政策"，而更在于"扩大货币数量"，即后来的"直升机撒钱"主张的出炉，此前美国频繁实行的"量化宽松"货币政策即是与弗里德曼的研究一脉相承的。

以上无论是萨缪尔森还是弗里德曼，他们恢复"廉价货币政策"都是基于经验或统计，他们都没有为"廉价货币政策有效性"建立新的理论依据，他们也没有从理论上否定凯恩斯对"廉价货币政策"做出的批判。其中，萨缪尔森是凯恩斯学派的领军人物，他当然不会反对凯恩斯；弗里德曼虽然从其他方面反对了凯恩斯，但从没有对凯恩斯的"资本边际效率崩溃"和"流动性陷阱"等核心概念进行过任何批评，毕竟这两个概念是有现实基础的，是对现实情形的真实总结。一个理论可以被推翻，一个概念则很难被推翻。弗里德曼最重要的论文《货币政策的作用》批判的也不是凯恩斯，而是新古典综合派的菲利普斯曲线，确切的说，是"被异化"之后的菲利普斯曲线。菲利普斯曲线被当作经济增长理论使用本身就是一个错误。

四、"廉价货币政策"轻松回归的理论基础是什么？

"廉价货币政策"能够轻松回归，一方面是萨缪尔森和弗里德曼的经验研究符合现实，另一方面是支持"廉价货币政策"的早期理论并没有得到彻底清算。在20世纪二三十年代，无论是当时的奥地利学派，还是早年的凯恩斯，都曾经是"廉价货币政策"的支持者，而且他们都有共同的理论基础，那就是瑞典学派维克塞尔提出的"累积过程理论"。"累积过程理论"是凯恩斯经济学诞生之前经济学界最火的理论之一，他的提出者维克塞尔也被称为"北欧的马歇尔"，但他在当时的影响力实质上是超越马歇尔的——20世纪二三十年代，马歇尔已经变得无人问津，而维克塞尔却如日中天。

"累积过程理论"构建的是"市场利率"与"自然利率"的模型，我们可以将其通俗地解释为当市场利率高于企业家利润率时，企业家就缩减投资，经济走向萧条；当市场利率低于企业家利润率时，企业就增加投资，经济就走向繁荣。瑞典学派的"累积过程理论"后来也被称为"货币均衡论"，这个理论研究的是利率影响下的投资均衡问题，是微观经济学中"均衡研究"在宏观经济学中的滥觞，是瑞典学派领军人物维克塞尔在欧洲游学期间受到当时流行的"一般均衡"的启发而提出的一种理论。但维克塞尔的货币均衡论与马歇尔、瓦尔拉斯等的供需均衡完全不是一回事。这个理论不研究供需，只研究不同利率对企业家投资的影响。货币均衡论是宏观经济学诞生初期最具代表性的理论之一。

凯恩斯的"资本边际效率崩溃"和"流动性陷阱"理论虽然解释了货币政策的无效性，但并没有对瑞典学派"累积过程理论"进行批判，甚至凯恩斯一直认为在正常经济情况下，"廉价货币政策"还是有效的，因此"累积过程理论"在经济学界一直被默认为正确的，即使到了现在，"累积过程理论"虽然在经济学中已经不再强调，但从实质上一直是各国央行制定货币政策的理论基础。

五、"廉价货币政策"是导致"资本边际效率崩溃"的核心原因

笔者在本书中的很多理论是直接批判瑞典学派的，笔者也是通过对瑞典学派和货币学派的批判来构建自己的货币理论体系的。笔者在其他文章中提出的"低利率货币政策与金融机构激励不相容"理论就可以证明瑞典学派的错误。当"廉价货币政策"被实行时，企业确实存在利用低利率货币政策进行扩张的可能，企业都是"低利率偏好"的，但是"低利率"与信贷类金融机构的利益却是冲突的，信贷类金融机构是"高利率偏好"的，他们靠"利差"生存，"利差"越高，他们从事货币供给的积极性越高，"廉价货币政策"的"低利差"会导致信贷类金融机构不愿意放贷，"有钱也放不出去"是"廉价货币政策"实行后的真实景象。因为"低利差无法

覆盖信贷风险"，他们会"放一笔赔一笔"，因此，即使不是经济"大萧条"的时代，正常经济时期"廉价货币政策"也是失灵的。因为任何时期，信贷类金融机构都是需要"利率激励"的。"利率激励"消失，信贷类金融机构的积极性就会消失，货币供给仍然不足，企业还是得不到资金，也就是说，无论是正常经济时期，还是经济危机时期，"廉价货币政策"始终是无效的。这也是笔者的经济理论与凯恩斯不同的地方。

我们将这种因政府实行"廉价货币政策"而导致的资本无利可图，甚至亏损的现象称为"资本边际收益率崩溃"。"资本边际收益率崩溃"不仅影响到金融机构投资的积极性，也会影响到民众投资理财的积极性。一旦利率过低，民众将不再投资理财，资本机构也将更难募集到资本。总之，一旦出现"资本边际收益率崩溃"，民众不再投资理财，资本不再放贷投资，整个资本市场都将失去活性，实体经济也将得不到资本支持，经济也将随之失去活力，民众收入也将下降，整个社会就会陷入"无欲望社会"，这也被称为"躺平现象"。

六、"资本边际收益率崩溃"的坏处是扭曲了正常的社会报酬支付结构

"廉价货币政策"的直接结果是"资本边际收益率崩溃"，其更深层次的危害是破坏了一个社会正常的报酬支付结构。一个经济体的正常运行是依靠一个合理的报酬支付结构来维持的，"廉价货币政策"是人为压低货币的市场利率，人为降低资本的收益。正常的资本报酬结构被打破，然而资本是经济的驱动力，资本没有收益了，就不再去支持经济发展，经济也就失去了驱动力，整个社会创造财富的热情都会消失。

凯恩斯在《就业、利息和货币通论》中认为低利率有利于消灭"食利阶层"。凯恩斯指出"当社会的资本量增加到一定程度，使资本变得不再

稀缺时，投资者就不能坐收渔翁之利了，这时候，食利阶层就会慢慢消亡，资本主义制度将会大为改观"。其实，从生存经济学角度看，经济越发展，民众生存成本会越来越高，民众储蓄会更难，民众的储蓄动力存在边际递减的可能，因此凯恩斯预言的"资本逐渐增加"的情况并不一定会出现。毕竟，社会资本的主流来源是民众的储蓄，固化的"食利阶层"只是社会资本形成过程中的产物，另外从经济增长的角度看，"食利阶层"正常的投资行为并不一定是社会之害，大多数时候是有利于经济增长的，如果一个国家有一个稳定的"投资群体"，特别是有一定抗风险能力的投资群体的存在也是资本市场正常运行的保障。当然，社会投资群体的正常投资行为也是以一定的收益空间为依托的，在社会经济增长还没有到达极限，社会还需要资本投资的情况下，政府不宜人为缩小这一群体的收益空间。当今人类社会还远远没有到达让"食利阶层"消失的阶段，这一阶层目前可以为经济发展所用。

七、理论总结

"廉价货币政策"是基于错误理论设计出的政策，其结果往往是事与愿违。日本实行长达二十多年的低利率、零利率货币政策并没有促进其经济发展，反而导致了长期的经济通缩，社会也进入了"无欲望社会"；美国在实行量化宽松期间也没有出现企业投资明显增加的情况。凯恩斯在《就业、利息和货币通论》中证明了"廉价货币政策"在经济萧条时期是无效的，笔者在本文中又指出了"廉价货币政策"在正常经济时期也是无效的。"廉价货币政策"不仅无效，而且其直接导致的"资本边际收益率崩溃"还会通过扭曲一个国家正常的经济报酬结构，使整个社会都会失去创造财富的积极性，从而对国家产生长期危害。因此，"廉价货币政策"应该退出经济决策的中心舞台。

本书提出的主要理论汇总

一、本书提出的经济增长理论

1.第四代经济增长理论（创新资本经济学）

第四代经济增长理论是指高利率环境下创投资金超级聚集所推动的经济创新式增长，第四代经济增长理论也称为"创新资本经济学"，认为经济增长是基于创新的，但经济创新不仅需要技术和人才，更需要以股权投资为代表的"创新资本"的支持，只有"创新资本"的支持才可以让技术进步尽快转化为生产力。传统经济增长理论中的"索洛模型"指出了技术进步的重要性，"内生经济增长模型"强调了知识的边际递增效应对技术形成的作用，但是他们没有解决技术进步向生产力转化的问题，而这正是第四代经济增长理论所研究的，第四代经济增长理论认为"创新资本"是决定技术向生产力转化的关键因素，一个国家能否实行创新式增长，关键看这个国家具备怎么样的创新资本聚集能力，第四代经济增长理论认为，而高利率货币环境则是社会资金向创新、创投领域集中的前提条件。第四代经济增长理论反对"量化宽松"，认为低利率与金融机构"激励不相容"，反而会造成在投融资领域资金供给的减少，适度高利率才能对民众和金融机构的投资形成正向激励，促使资本向投资领域集中，从而推动经济增长。第四代经济增长理论本质是"创新资本"如何才能快速聚集的理论。第四代经济增长理论可以很好地解释2008年之后，中国在创投资金总规模和独角兽数量方面开始逐渐赶上甚至超过美国的原因，这个原因就是美国实行低利率损失了金融机构的积极性，反而导致其用于创新的资金开始低于中国，当然随着中国利率下行和美国加息，这种形势又被重新逆转。

2."新三驾马车经济增长理论"（生产法经济增长模型）

"新三驾马车"经济增长理论是"平衡经济学"的一部分，"新三驾马车"经济增长理论将经济增长归结为生产效率、交易效率和产品创新提高，即"经济增长＝生产效率提高×交易效率提高×产品创新的提高"，这更接近经济增长的实质，而且有利于政策实践操作。"新三驾马车"经济增长理论可以使政府的经济发展政策不再只依赖于宏观政策，也可以具体到微观产业政策上，可以让国家对宏观经济管理从对投资消费的管理转向对"经济效率的管理"上。老三驾马车是基于GDP"支出法"的，属于要素扩张型的经济增长，而新三驾马车增长理论是基于GDP"生产法"，属于技术进步推动型的经济增长。

3.新型国家竞争力理论

根据第四代经济增长理论，国家竞争是创新的竞争，而创新能否成功又取决于一个国家的"创新资本聚集能力"和最终的"创新资本总量"，因此我们提出一种新的国家竞争力理论，就是国家竞争的本质是"创新资本的聚集能力"的竞争，其具体的衡量指标就是一个国家的"创新资本总量"。在国家竞争中，哪个国家的"创新资本聚集能力"更强，那个国家的"创新资本总量"最多，那个国家就会在未来竞争中处于不败之地。因此国家发展不仅要关注GDP指标，也要关注"创新资本总量"指标，这是经济发展的先行指标。一个国家的"创新资本总量"指标高了，一个国家的未来会出现比较高的经济增长。

4.市场经济"内驱力"理论

一个国家的经济发展一定要靠"内驱力"的推动，"内驱力"比"外驱力"更重要，凯恩斯经济学强调的"政府投资"本质是依靠"外驱力"实现的经济增长，根据我们的研究，我们发现一个国家经济发展的内驱力是"高利率"。只有"高利率"才是与金融机构激励相容的，高利率可以提高资本的盈利能力，提高资本服务实体经济的积极性，可以让资本去更好地驱动实体经济的发展，经济发展的逻辑是"利率驱动资本，资本驱动企业"，最终实现经济的发展。传统的基于瑞典学派的利率理论只考虑了企业的货币需求，忽略了金融机构的货币供给，是不全面的。

5.加大"高供给难度产品供给"促进经济增长理论

本人在平衡经济学中将产品分为"高供给难度产品"和"低供给难度产品"，认为"低供给难度产品"永远是过剩的，"高供给难度产品"永远是稀缺的，政府通过产业政策干预去加大"高供给难度产品"的供给，可以更好地改善市场经济的交易平衡，更好地促进经济发展。

二、本书提出的货币理论

1."货币政策与金融机构激励兼容"理论

央行发行的货币并不能直接进入实体经济，必须经过金融机构才可以被输送到实体经济，金融机构也并不会被动地充当货币输送渠道，他们也有自己的利益考量。金融机构输送货币的积极性主要受利率的影响，金融机构是"高利率偏好"的，利率越高，金融机构从事货币供给的积极性就越高，利率越低，金融机构从事货币供给的积极性就越低。我们在制定经济政策时一定要考虑到"金融机构的激励相容"问题。弗里德曼将美国大萧条归结为紧缩性货币政策，并希望通过宽松的货币政策拯救经济危机，但是他并没有考虑到金融机构的"激励兼容"问题，"量化宽松"在导致发行货币数量上升的同时，货币流通速度也在减慢，并不能真正拯救经济危机，因此弗里德曼的货币理论存在重大缺陷。高利率对金融机构积极性的激发，我们称之为"利率激励"。

2. "中央银行－金融机构－实体经济"三元货币市场结构理论

传统货币利率政策制定主要是采用的瑞典学派的货币模型，默认的是"中央银行－实体经济"二元货币市场结构，仅考虑市场利率与自然利率的差额问题，不考虑金融机构的激励相容。实际上，央行发出的货币需要先进入金融机构，然后再通过金融机构进入企业，现实的货币市场是"中央银行－金融机构－实体经济"三元结构模型。当我们将货币市场结构由"二元结构"升级到"三元结构"后，就会发现瑞典学派依赖"市场利率和自然利率"构建的货币理论是错误的。"量化宽松"时代，央行虽然发行了很多货币，但是同时过量的货币也导致了低利率，因此金融机构并没有动力将这些货币输送到实体经济，反而会导致实体经济无资金可用，增发的货币只能进入金融投机市场。

3. "最优央行货币利率"理论

传统货币理论只考虑货币需求方企业的利益，不考虑货币供给方金融机构的利益，认为货币利率越低越好，甚至世界各国都将零利率当做最能促进经济增长的货币政策。但"最优央行货币利率"理论认为货币利率并非越低越好，货币利率越低，民众储蓄和投资的意愿越差，这时金融机构会出现募资难，金融机构从事投融资业务的积极性也会降低，低利率与民众的投资理财以及金融机构的货币供给都无法实现"激励相容"，反而不利"有效货币供给"的扩大。因此，利率太高或太低都不利于经济发展，最优的央行货币利率是既可以保证金融机构从事货币供给的积极性，又不伤害实体企业对货币需求的利率，这个最优央行货币利率也称为黄金货币利率点或是货币利率的黄金水平，是实体经济货币需求与金融机构金融供给的最佳结合点。在这个黄金利率点上，金融体系的货币内生是最强的，"有效货币供给"的规模最大，"运行货币"的总量是最多的，金融最能促进经济发展。

4.动态货币数量论

在对货币数量的研究中，一直存在两大理论，一个是货币数量论，一个是信用创造论。弗里德曼的"货币主义"兴起后，货币数量论又重新占据主导地位，其实这两种理论是可以统一起来的，这就是笔者提出的"动态货币数量"论。货币数量之所以是动态的，这是因为金融体系内部存在着"信用货币"的创造，也称为货币内生。货币的信用创造周期是与经济周期同步的，经济繁荣时货币信用创造多，货币数量多，经济萧条时货币信用创造少，货币数量少。当经济繁荣时，信用过度创造，也会造成通货膨胀，经济萧条时，信用创造急剧减少，也会加剧萧条，动态货币数量论主张"动态"地看待货币数量，不仅要看"发行货币"的数量，更要看"运行货币"的数量，其中"运行货币"的数量是动态的，"动态货币数量"论主张从"运行货币"出发动态监测与管理货币数量。

近年美国频繁实行的量化宽松货币政策，并没有引发恶性通胀，这是因为量化宽松只是增加了"发行货币"的数量，"而运行货币"数量却因为信用创造的降低，总体变化不大，甚至还可能降低，"动态货币数量论"还提出了对通胀的新解读，认为通胀只与"运行货币"的数量有关，与"发行货币"的数量无关，如果"运行货币"的数量没有大幅增长就不会出现通胀，"运行货币"的减少可以造成通缩。

5."有效货币供给"理论

传统的"货币供给"主要是指央行的货币发行，"有效货币供给"不仅包含外生的货币供给，也包括内生的货币供给，是外生货币留在经济体系内的部分与内生货币的数量之和。我们考虑一个国家的货币总量时，应该重点考察这个经济体"有效货币供给"的总量，"有效货币供给"也称为运行货币。弗里德曼的货币主义，只关注外生货币，错误地认为只要增加外生货币就可以增加货币的有效供给，这是错误的，如果利率很低，货币内生能力差，增加外生货币，并不一定增加"有效货币供给"。

6."货币周期"理论

"货币周期"理论也是"动态货币数量论"的一部分，因为经济体系内部存在货币内生，所以货币数量是动态的，有时多，有时少，但货币的多少也有周期规律的，这就是货币周期。货币周期与经济周期是同步的，经济周期处于繁荣时，货币内生能力强，货币就越多，也容易发生通胀，经济萧条时，货币内生能力差，货币就比较少，容易发生通缩，运行货币的数量会呈现出明显的周期性特征。货币周期理论认为央行的"货币数量管理"必须按周期进行管理，而弗里德曼提出的"单一规则"主张货币数量按一定比例增长，其实就是缺乏"货币周期管理"理念的表现。现在各国央行的"货币周期管理"主要是利率的管理，而非货币数量的周期管理。

7."运行货币总量管理"规则（央行货币管理规则）

动态货币数量论认为货币数量是动态的，央行不仅要管理"发行货币"，更要对"运行货币"进行管理，"动态货币数量论"认为央行的职责是"维护运行货币总量的稳定"。这与货币学派的主张不同，货币学派侧重发行货币的管理，而后凯恩斯学派的内生货币理论虽然指出了管理发行货币的错误，但是他们又顺势否定了货币数量管理，回到了只管理利率的片面做法，其实"货币数量管理"是可行的，只是不要只管理发行货币，而是要管理"运动货币"。因此"动态货币数量论"提出的央行货币管理规则是"运行货币总量管理"规则。

8. 货币补偿与投资补偿理论

货币补偿与投资补偿理论也是"动态货币数量论"的一部分，"动态货币数量论"认为经济萧条时经济会出现投资和货币的双下降，要想让经济恢复，就需要政府进行"投资"和"货币"两方面的补偿。其中央行负责"货币补偿"，财政部负责"投资补偿"，而且要以"投资补偿"为主，因为"货币补偿"并不一定会导致投资的增加，但"投资补偿"一定会导致货币的增加。货币内生于经济体系之内，政府投资行为可以促进货币内生，所以"投资补偿"的过程中就实现了"货币补偿"，这两个补偿中应该以财政补偿为主，货币补偿为辅。正常时期的经济稳定也主要表现为货币与投资的双稳定，其中中央银行负责的"运行货币总量的稳定"，财政部的负责"投资总量的稳定"，只要这两个数据是稳定的，经济就是稳定的。

2008年全球经济危机之后，美国出台了量化宽松货币政策，反而经济出现了通缩，中国出台了四万亿政府投资政策，经济反而出现了通胀，这就说明货币补偿并不一定带来货币总量的增加，但投资补偿必然带动货币总量的增加。中国采取的凯恩斯主义政府投资政策比美国的量化宽松治理经济危机的效果更好。在经济萧条时，中央银行在进行货币补偿的同时，也要协同财政部门一起进行货币补偿，因为只有投资才可以真正地激活货币。"运行货币总量管理"理论认为基于外生货币研究的"剑桥方程""凯恩斯的货币需求函数""弗里德曼的货币需求函数"都是片面的。因为他们都是从民众的需求出发，而不是从企业的货币需求出发，企业才是货币需求的主体，企业的货币需求才决定了货币的需求总量。

9. 内生性与外生性通胀理论

"内生性与外生性通胀"理论将通货膨胀分为"内生性通胀"和"外生性通胀"两种类型，其中"内生性通胀"与经济增长相关，主要是指由技术进步推动劳动生产率提高，再由劳动生产率提高推动工资提高，最终推动物价上涨造成的通胀。内生性通胀与经济增长挂钩，是与经济顺周期的。经过模型计算，内生性通胀率一般为劳动生产率提高的一半，内生性通胀可以通过"降低经济增长速度"的措施治理。外生通胀可以分为"供给短缺型通胀"和"货币增多型通胀"两种，其中由农产品短缺、能源资源短缺导致的通胀都属于"供给短缺型的外生型通胀"，其中由货币超发与其他国家货币外溢导引起的通胀都属于"货币增多型的外生性通胀"。外生通胀与经济周期并不一致，而且会干扰经济周期，可能表现为与经济周期相反。外生性通胀可以与经济萧条并存，因为很多经济萧条就是外生性通胀导致的，外生性通胀不能通过宏观调控解决，而是应该通过产业政策和货币政策进行精准治理。"内生性与外生性通胀"理论可以解释"滞胀"暴露出的通胀与经济增长周期不一致的问题，因为只有内生性通胀才是与经济周期一致的，外生性通胀与经济周期因素无关，内生性与外生性通胀理论也可以兼容凯恩斯学派和货币学派的通胀理论，这两个学派的通胀理论只是内生性与外生性通胀理论中的特例。

2009年中国出现的高通胀就是经济增长过快导致的内生性通胀，中国由猪肉价格暴涨引发的通胀就是典型的外生性通胀。西方国家历史上的滞胀也是外生性通胀，这些都与宏观经济周期无关。

10. "自然通胀率"理论——劳动生产率通胀

"内生性与外生性通胀"理论认为经济发展过程中会存在一个"自然通胀率"，这是因为经济发展会促进劳动生产率的提高，劳动生产率的提高会推动工资的上涨，工资的上涨又推动商品价格的升高，形成通胀。这种由于劳动生产率提高而导致的通胀我们也称为"劳动生产率通胀"，这种通胀率属于"自然通胀率"，与货币、供需因素无关，是经济发展的正常情况。"自然通胀率"一般为劳动生产率提升水平的一半，社会只要存在劳动生产率的提高，就会出现一定程度的"自然通胀率"，这是经济增长的必然现象，对于在一定范围内的"自然通胀率"政府没必要干预。

11."通胀-增长"第一定律

"通胀-增长定律"是指通胀与增长关系的理论，其中第一定律是"有经济增长就必然有通胀"，经济增长越高，通胀越高，这其实背后的理论就是我们的劳动生产率理论和经济过热性通胀理论。

12."通胀-增长"第二定律

"通胀-增长"第二定律是在没有外生因素的情况下，没有增长就无法形成通胀，如果要想形成通胀，就必须先有经济增长。换言之，经济要想走出通缩，必须形成有效增长才行，而不是盲目地扩大货币发行。"形成有效经济增长"才是治理经济通缩最根本有效的办法。

中国经济发展过程中就出现过很多次因为经济增长过快导致的通胀，日本长期实行量化宽松货币政策，但最终也没有走出通缩，关键就是他们的国家没有形成有效经济增长，他们的政策制定者也不明白通胀与经济增长之间的关系。

13.货币政策"拧紧螺丝松半圈"理论

因为货币政策发生效用时存在"时滞"，所以如果要达到货币政策的调控效果，政府往往会在短期内频频加码货币政策，最终都会导致"调控过度"的现象。当然这种"调控过度"有时表现为货币紧缩过度，有时表现为货币扩张过度。因此我们主张当货币政策达到调控目标时，应该再往相反的方向调整一下货币政策，以防止"过度调节"。比如当紧缩性货币政策达到目标时，我们应该再适度放松一下货币政策，当放松性货币政策达到目标时，我们再适度紧缩一下货币政策。这是借鉴工科中拧螺丝的原理，这是一种比喻，这些都是为了解决货币政策执行过程中的"时滞"和"调控过度"问题。

14."央行利率天花板"理论——央行利率的"政府债务压制"

一个国家的央行实行什么样的货币利率并不是完全自由的，而是由其政府的债务水平决定的，因为央行的利率水平关系到一个国家的"政府债务利息"支出。一个国家的央行利率水平越高，这个国家的债务利息支出就越多。一个国家的政府如果负债过大，这个国家的央行就不能随意提高利率，因为一旦提高利率，政府债务随时都有崩盘的风险，也就是一个国家的最高货币利率必须在其政府债务所能承受的范围之内。因此说一个国家"央行利率的天花板"是这个国家的政府债务水平，央行利率受国家政府债务的压制。一个国家的政府负债越低，央行就可以实行比较高的债务利率，政府债务越高，央行实行高利率货币政策的可能性越小。一个国家所能实行的最高利率是由其政府的负债水平决定的。

15.央行利率被政府债务"锁定"现象

因为央行利率受到政府债务的压制，所以随着政府负债的增高，央行可以实行的货币利率会越来越低，当政府负债大到一定程度时，央行就会被迫长期实行零利率，一旦一个国家走向了"零利率"就很难再走出来，这时我们称为央行利率被政府债务"锁定"，这种情况已经在日本出现。

16.央行独立悖论（"央行独立不可能性"原理）

一个国家的央行虽然说有一定独立性，但也只有制定货币政策的权利，却没有控制政府债务发行的权利。央行虽然不能控制政府债务的发行规模，却要为政府债务不崩盘负责。政府可以不断地增加债务，央行却不能随意提高利率，因为央行的职责之一是稳定经济，如果发生政府债务崩盘，经济将会陷入极大的危机，这也是央行不愿意看到的。因此央行的"利率政策独立性"实质上是会受到政府高债务的侵蚀，最终央行都会"顾全大局"向政府部门妥协。在政府债务越来越高的情况下。就会发生"政府债务-央行利率"锁定。从而央行彻底失去了利率调整的自由。总之，政府债务越大，央行的独立性越低，因此从根本上说央行并不能完全独立，其货币政策也不是完全自由的，我们将这种现象称为"央行独立不可能性"原理。

17. "政府债务-央行利率"螺旋理论

"政府债务-央行利率"螺旋理论认为政府债务与央行利率是一对螺旋关系，央行降低利率可以助长政府借债，而政府债务过高可以压制央行提高利率。"政府债务-央行利率"螺旋对宏观经济的影响可以表现为两方面，一方面可以将央行低利率的危害传导到政府债务，让政府掉入债务陷阱，因为政府都喜欢趁低利率借债，但等央行利率提高后，政府债务已经高到积重难返。"政府债务-央行利率"螺旋的另一方面影响是可以把政府债务的危害传导到央行利率，再通过央行利率传导到社会经济的各个方面。政府债务可以对央行利率形成压制，政府债务高到一定程度，央行就不能随意提高利率，而是被迫实行长期的低利率，而这种央行低利率会对经济的各方面都发生影响。政府应该对"政府债务-央行利率"螺旋进行控制，防止其向不好的方向演化。

18. "政府高债务-央行低利率陷阱"

"政府债务-央行利率"螺旋如果控制不好就会导向"政府高债务-央行低利率陷阱"，"政府高债务-央行低利率陷阱"是"政府债务-央行利率"螺旋演化的结果，同时也是西方国家将"量化宽松"作为一种主流的经济危机拯救措施之后极容易形成的一种经济现象。西方国家实现"量化宽松"货币政策后市场利率极低，这种低利率会促使政府大举借债，政府借债又会导致央行利率不能提高，央行利率提高后，政府债务就可能出现崩盘，最后的结果就是出现"政府高债务"和"央行低利率"并存的局面，我们称之为"政府高债务－央行低利率陷阱"。这两种现象相伴而生，相互影响，相互增强，而且是单向运动的，只能朝着政府债务越来越大，央行利率越来越低的方向发展，短期内难以走出去。"政府高债务－央行低利率陷阱"是国家经济的一个"死结"，其中政府高债务的危害会通过央行低利率传导到经济的各个方面，而央行低利率对经济造成的间接危害比政府高债务对经济造成的直接危害还要大，一个国家一旦掉入"政府高债务－央行低利率陷阱"就很难走出来。

19. "政府债务－央行利率－金融投资－经济创新"传导机制（债务－创新传导理论）

一个国家的高政府债务会对利率形成压制，政府债务越高，央行利率越低，政府高债务最终会将国家逼到低利率或零利率的道路上。低利率或零利率首先摧毁的是金融机构的投融资业务，在低利率环境下，金融的崩溃是从民众投资和金融机构募资两个方面同时实现的。在零利率环境下，民众不愿意储蓄与投资，而是倾向于消费和借贷，金融机构的资金主要来于民众的储蓄，影子银行的资金也主要来于民众的投资理财。在低利率或零利率环境下，民众不愿意储蓄和投资，金融机构普遍缺乏资金；其次，在零利率货币环境下，金融机构也没有足够利润空间作为激励，金融机构普遍不愿意从事投融资业务，较低的利润空间使金融机构没有足够的利润去覆盖业务风险，这三方面的因素合到一起就会导致金融系统的崩溃。一个国家的创新主要靠金融资本的支持，特别是股权资本的支持，低利率或零利率下，民众不愿意投资理财，创新资本会出现募集困难，导致一个国家的经济创新最终会因为缺乏创新资本的支持而陷入衰落。即一个国家的高政府债务首先会传导到央行的货币政策，央行的货币政策又会影响金融机构，再从金融机构传导到创新领域，最终摧毁一个国家。"政府债务－央行利率－金融投资－经济创新"传导机制可以让我们从更深层次了解政府债务危机的危害，政府债务可以威胁到一个国家的根本前途。

日本是最早实行"量化宽松货币政策"的国家，日本在移动互联网时代就开始走向衰落，美国是在2008年之后开始实行"量化宽松"货币政策的，这时正是移动互联网的时代，美国开始在移动互联网时代走向衰落，美国和日本的创新衰落都是因为实行了错误的低利率货币政策。

20. 弗里德曼批判

弗里德曼在进行货币研究时存在四大缺陷，这四大缺陷导致弗里德曼的货币理论出现了很多错误。第一，弗里德曼研究美国货币史，但不研究"利率"这一重要的货币现象。第二，弗里德曼只研究货币，不研究金融机构。第三，弗里德曼在批判凯恩斯经济学时，指出通胀是因为投资过度造成的，后来却没有从投资的角度总结和认识通胀，而是又将其归结为货币政策。第四，弗里德曼研究货币发行问题，却不研究货币运行问题，货币运行才是决定市场上需要多少货币的关键因素。总之，弗里德曼虽然写了一本厚厚的《美国货币史》，但研究的只是货币金融的皮毛，并没有将货币金融学向前推进多少，反而是倒退回了货币数量论。总之，弗里德曼只研究货币数量，不研究货币利率；只研究货币发行，不研究货币运行；只研究货币，不研究金融的缺陷就决定了他的货币理论会存在错误。

21. 货币市场"批发价格"决定"零售价格"的价格机制形成理论

货币市场的价格形成机制与商品市场存在着巨大的区别，商品市场的价格是由供需关系决定的，但是在货币市场央行利率是"国定"的。货币市场的价格形成更多表现为"批发价格决定零售价格"，货币市场的"批发价格"是指央行的基准利率，货币市场的"零售价格"是指金融机构的市场利率。货币市场的市场利率受央行基准利率的影响更大，受市场供需的影响反而很小，我们认为货币市场的价格形成机制更多体现为"批发价格决定零售价格"，而非像商品市场那样由市场供需决定市场价格。另外由于存在货币内生，货币市场的供给方也不是央行，而是整个经济体系，货币供给是不固定的，货币供给本身也受到央行利率的影响。

22.利率国定论与货币市场"价格决定均衡供需"理论

因为中央银行的存在，货币市场的价格是"国定"的，"利率国定"是现代货币市场的基本特征，因此货币市场不是自由市场，而是"干预性市场"。"干预性市场"的运行规律与"自由市场"相反，自由市场是"供需决定价格"，最终追求的是"均衡价格"，而"干预性市场"是"价格决定供需"，追求的是"合意均衡供需"。因此，货币市场作为"干预性市场"，其运行机制与商品市场是相反的，货币市场是"价格决定供需"，政府会通过调整货币价格最终到市场上去形成一个"合意均衡供需"，货币市场的供给是政府通过价格调整控制的。

23.货币流动理论－"利率指挥棒"理论

在市场经济中，利率就是市场资金的"指挥棒"，指挥着市场资金的流向。资金流入的行业一片繁荣，资金流出的行业一片萧条，利率通过市场资金的流向塑造着一个国家的经济结构。从股权和债权的角度，高利率可以将资金指挥到股权融资，债权融资则需要低利率；从居民的投资与消费的角度看，高利率可以将居民指挥到储蓄和投资，低利率则将居民资金导向民众消费；从投融资性市场和投机性市场来看，高利率可以将资金指挥到投融资性市场，而低利率则将资金指挥到投机性市场；从头部企业与中小企业来看，高利率则将资金指挥到头部企业，低利率时资金才会倾向于中小企业融资；从国民和民企来看，高利率环境有利于国企融资、低利率环境有利于民营企业融资。"利率指挥棒"理论认为利率决定着货币的流动方向，因此"利率指挥棒"理论也被称为货币流动理论。在实践中，我们可以利用这个指挥棒，有针对地去影响资金走向，从而改变一个国家的经济结构，以前经济学界更多是将利率作为一个经济周期宏观调控工具，其实利率对微观经济结构的影响也非常大，利率可以从微观上塑造一个国家的产业结构，因此我们也将"利率指挥棒"理论称为金融视角下的产业组织理论。

24. 货币供给函数理论

货币供给函数理论认为一个国家的货币供给总量取决于基础货币数量，金融市场的发达程度和金融机构的积极性三个方面，在一定时期内，基础货币数量和金融市场的发达程度都是固定的，只有金融机构的积极性是变化的，而金融机构的积极性只与利率有关，所以货币供给是利率的函数。

25. 货币方程理论方面的创新

货币学中在考察货币流通速度时存在一个非常经典的"费雪方程"，费雪认为人们持有货币的目的主要是商品交换，因此货币在一定时期内的支付总额与商品的交易总额相等。其表达公式是"MV=PT"，其中M代表流通中的货币平均量，V表示货币的流通交易速度，p代表平均价格水平，T表示交易总量。在现实计算中PT所代表的商品交易总额往往被GDP替代。但这个方程是有问题的，因为一个国家的国民生产总值短期内是变动不大的，基础货币数量是变化不大的，因此货币流通速度也变化不大，这与现实并不相符，现实中货币流通速度变化很大，费雪方程解释不了货币流通速度的起伏问题。

我们在费雪货币方程的基础上对货币方程进行了大幅改进得到：

基础货币数量×货币流通速度＝运行货币总量＝外生货币留在经济体系中的部分＋内生货币数量

笔者的货币方程左侧与费雪方程相同，右侧变成了运行货币的数量，运行货币也是笔者提出的一个概念，运行货币的数量与国民总收入差距比较大，两者不同，将费雪方程的右侧改为运行货币的数量是科学的。而运行货币的总量等于外生货币留在经济体系中的部分与内生货币数量之和，其中内生货币数量与社会融资情况相关，取决于社会融资的结构与各自对应的规模。

三、本书提出的经济危机与经济调控理论

1.经济危机的"分型辩治"理论

以前经济学界总是将经济危机看成一种类型，总想用一种原因进行解释，并为此争论不休，但这并不现实，经济危机"分型辩治"理论将经济危机分为三种类型，分别是生产过剩型金融危机、金融泡沫型金融危机和政府债务型经济危机。其中生产过剩型经济危机的根源是"需求不足"，金融泡沫型金融危机的根源是"货币不足"，政府债务型经济危机的根源是"税收不足"，三种经济危机的根源不同，治理方式也不同。其中十九世纪的经济危机以生产过剩型的经济危机为主，二十世纪的经济危机以金融泡沫型的经济危机为主，二十一世纪的经济危机以政府债务型经济危机为主。凯恩斯经济学提出的"财政投资理论"比较适合治理生产过剩型的经济危机，弗里德曼主张的"直升机撒钱"比较适合治理金融泡沫型经济危机，而笔者提出的"新财税主义宏观经济学"则适合治理政府债务型的经济危机。

2.政府债务型经济危机理论

政府债务型经济危机是由政府过度负债引起的一种经济危机，政府债务型经济危机不是周期性经济危机，不会自动消失。政府债务型经济危机的根源在于财税改革落后于经济发展，"财税不足"是政府债务型经济危机爆发的根源，政府债务型经济危机会通过"政府债务–央行利率–金融投资–经济创新"传导机制，将经济危机的危害传导到社会的方方面面。一个国家如果出现了政府债务型萧条，往往会呈现出六大宏观经济特征，分别是低储蓄、低投资、低利率、低创新、低增长、低福利，这"六低"会导致整个社会的消沉，民众也会进入"无欲望社会"。日本是陷入"政府债务型萧条"的典型国家。政府债务型经济危机的最终消失需要通过"财税改革"的介入才能走出。政府债务型经济危机爆发时没有其他危机剧烈，但危害却比其他经济危机更加严重。

3."竞争风险累积"形成经济危机理论

"竞争风险累积"经济危机理论是指由经济体系内部的竞争风险的累积与释放形成经济周期的经济理论。市场经济最核心的机制是竞争机制，竞争无处不在，竞争可以促进行业的优胜劣汰，也会导致行业利润的下降。由竞争导致行业利润下降的过程就是竞争风险累积的过程，当市场出现竞争均衡的时候，也是整个行业利润最低的时候，这个时候，稍微有个外部冲击，经济就会崩溃，经济崩溃的过程也是竞争风险释放的过程。经济崩溃后，一部分企业从行业退出，行业又重回高利润状态，这时行业又会在竞争的驱使下开始了竞争风险的另一轮累积，经济周期就是市场经济中"竞争风险不断累积又不断释放"的过程。，市场经济是通过竞争趋于均衡的过程也是经济风险累积的过程，当经济最终达到均衡的时候是竞争风险累积达到极致的时候，经济崩溃是经济风险释放的过程，经济崩溃后又开始出现不均衡，新的累积过程又重新开始，周而复始，形成经济周期。因为所有的经济周期都是由"竞争"这一个因素导致的，所以经济周期的时间也是相对固定的。"竞争风险累积经济周期理论"则可以解释经济周期的"时间固定性"的问题，竞争风险累积导致的经济危机也属于生产过剩的经济危机。

4."低供给难度产品"过剩导致经济危机

平衡经济学将产品分为"高供给难度产品"和"低供给难度产品"，认为经济危机一般是"低供给难度产品"过剩造成的，"高供给难度产品"一般处于短期状态，很难过剩。而要治理由"低供给难度产品"过剩造成的经济危机，只需要加大"高供给难度产品"的供给即可，因为市场上的产品是相互交易的，"高供给难度产品"供给的增加就可以平衡掉市场上"低供给难度产品"的过剩，从而使经济危机得到治理。

5.公共产品与私人产品的"匹配"理论

一个国家的社会和谐是建立在公共产品和私人产品的合理"匹配"之上，比如我们有多少私人汽车，就需要多少公路，有多少城市人口，就需要多少城市清洁人员。一旦公共产品与私人产品"比例错配"就会出现经济社会系统的紊乱，这种经济社会系统的紊乱可以表现为交通拥挤，环境脏乱，贫富差距过大、社会风险增加等问题。公共产品与私人产品的"错配"，主要是由公共产品的供给不足造成的。"公共产品不足"也可以称为"公共贫困"。公共产品与私人产品属于互补品，私人产品的供给会随着技术进步而不断提高，但是公共产品的供给提高却受到"税收刚性"制约，不能随便提高。因此一个国家的政府应该随时进行财税改革，保障公共产品的供给与私人产品的匹配，公共产品与私人产品的匹配是一个动态的过程，还应该是一个"主动匹配"的过程，公共产品如果不去"主动匹配"

私人产品的增长，就会发生社会紊乱，严重的话会演变成经济危机。这种"主动匹配"短期可以依赖财政赤字协调，长期需要税收不断改革以适应这个比例的变化。

6.瓦格纳缺口、税收刚性与税收不足常态化理论

"瓦格纳缺口"是笔者提出的一个新概念，德国经济学家瓦格纳最新发现了政府支出增长会快于经济增长的规律，笔者将政府支出与财政收入之间的缺口称为"瓦格纳缺口"。瓦格纳缺口"的出现，一方面是由于政府支出的快速增长，另一方面也是由于"税收刚性"，税收刚性是由于税率的不可轻易调整造成的，所以"瓦格纳缺口"会呈现出不断扩大的趋势。因为"瓦格纳缺口"的存在，一个正常经济发展的国家，"税收不足"会成为一个国家的常态。

7.真实经济周期理论批判（公共产品市场非均衡理论）

目前在宏观经济学中居于主流地位的是美国经济学家提出的"真实经济周期理论"，他们强调"技术冲击"后市场自动恢复均衡的观点是不完全正确的。首先，市场经济是由私人产品和公共产品两部分组成的，价格调节与市场均衡只能发生在私人产品市场，这对公共产品市场是无效的。公共产品的供给受政府预算影响，短期可以通过赤字调节，但长期受到"税收刚性"的制约，所以公共产品市场是很难均衡的。因此真实经济周期理论中强调的市场均衡只能是私人产品市场的"局部均衡"，而不是包含公共产品市场在内的"整个市场的均衡"。公共产品的均衡是无法通过自由市场实现的，而公共产品的不均衡也会成为导致经济危机的因素之一，因此完全意义上的市场自动均衡在现实中是无法实现的。其次，"技术冲击"对社会的冲击不是均衡的移动，仍然是从均衡到不均衡的改变。技术进步首先会导致私人产品供给的增加，但私人产品与公共产品必须合理"匹配"，私

人产品供给的增加也会对公共产品的供给提出更大的需求，但公共产品的供给因为税收刚性制约而不能增加，这就导致了公共产品的供需失衡。因此技术冲击仍然导致的是不均衡的出现，主要表现为公共产品市场的不均衡，公共产品市场的"均衡点"是不能随便移动的。

8. "无感调控"理论

我们将经济调控分为"痛感调控"和"无感调控"，"痛感调控"是指政府通过给企业与民众造成痛苦的方式实现经济调控的目的，比如货币调控就是典型的"痛感调控"，政府通过货币紧缩，提高利率，让企业感觉"高利率"的痛苦，然后被迫缩减投资，以达到调控的目的。"痛感调控"是一种惩罚式调控，必须让社会感觉到"痛感"，才可以迫使企业和民众的经济行为发生改变，经济才可以达到调控目标。

"无感调控"是指在经济调控过程中，不以给企业和民众造成痛苦为代价。"无感调控"不试图改变企业和民众的经济行为，而是通过只改变政府的行为达到调控目标。"无感调控"主张经济调控应该不引起新的经济波动，不引起资本的紧缩，让民众在毫无感觉的情况下，完成政府的经济调控目标。我们提出的通过"调控政府投资规模"来调控通胀和经济增速的调控方式就是"无感调控"。"无感调控"一般是采用政府财政手段，而非货币手段。"无感调控"就是将"负重前行"交给政府，民众只享受"岁月静好"。

9. "投资带动乘数"理论

"投资带动乘数"是用于衡量一种投资对其他投资的"带动作用"的指标，任何一种投资都会对其上下游及周边行业产生影响，这种影响有的大，有的小，我们在衡量一种投资的效益时，应该考虑其带动乘数。带动乘数大的行业，重点发展，比如基建，大飞机，房地产等。同时我们在进行政府投资时也应该考虑"投资带动乘数",经济危机发生时,往往用基础设施投资治理危机,不仅是因为政府投资可以转化为民众收入,关键是政府基础设施投资具有很高的投资带动乘数。

凯恩斯经济学中的"乘数"衡量的是"投资向收入的转化",而我的"投资带动乘数"衡量的是"投资向投资的转化"。任何投资都会存在投资带动乘数,但是政府投资的投资带动乘数比较大,因为政府投资大部分在公共领域,可以对民间投资起到很好的带动作用,政府投资的带动乘数=政府投资 × (1+政府投资对民间投资的带动系数)

10. "量化财政调控" 理论

凯恩斯学派主张用"政府投资"解决经济危机,但是凯恩斯学派却没有解决财政投资的"量化"问题。"量化财政调控"是指经济危机爆发后,政府进行"补偿性投资"应该是"量化"的,经济萧条主要表现为民间投资的下降,如果想让经济恢复,就必须用""政府投资"补充"民间投资"的下降。经济恢复所需要的投资总量是既定的,而民间投资的数量也是可以通过统计得到的,因此政府投资的总量也是相对固定的。但是在进行"量化财政投资"的计算时,一定要考虑政府投资的"投资带动乘数",因为政府投资会对民间投资起到带动作用,如果不考虑政府投资的"投资带动乘数",就很容易出现过量投资。政府投资带来的投资增量=政府投资 × 政府投资带动乘数=政府投资 × (1+政府投资对民间投资的带动系数)。

中国在2008年的四万亿投资就是因为没有考虑"投资带动乘数",导致了过量投资,出现了经济过热和通胀。

11. "错峰投资" 理论

"错峰投资"理论是指政府投资和民间投资不应在相同的时间段进行,当经济繁荣时,民间投资积极性比较高,政府应该缩减投资,当经济萧条时、民间投资的积极性比较差，政府应该加大投资。政府投资只是民间投资的"补偿"，这样才可以保持"投资总量"的稳定，从而达到经济稳定的目的。

12."单一财政调控"理论

"单一财政"调控理论是指通货膨胀和经济周期两大调控目标都可以通过"财政调控"这单一政策工具实现，我们提出的"内生性与外生性通胀"理论解决了"通胀与宏观经济增长周期一致性"的问题，这样我们就可以在解决经济增长与衰退问题的同时治理经济通胀与通缩。单一财政调控理论反对货币调控，因为货币调控是模糊调控、间接调控，也是痛感调控，对实体经济伤害特别大，而且有时滞，不够精准，每次都会出现超调的情况，所以针对经济周期和内生通胀问题，仅仅靠财政一个手段就可以解决。针对外生通胀时才可以用货币政策、产业政策等介入。

13.经济危机时"优秀企业率先淘汰"理论

经济危机淘汰的往往是比较优秀的企业，因为经济危机爆发时往往都面临着金融市场的崩溃，这时金融机构都会收缩贷款规模，而优秀企业往往金融杠杆一般比其他企业更大，所以优秀的企业更容易受到宏观经济危机的冲击，更容易发生倒闭，所以每次经济危机都会听到一些巨型企业倒闭的消息。但这些企业是社会发展的支柱，宏观经济周期中的企业淘汰属于"逆淘汰"，与微观经济竞争中的"优胜劣汰"正好相反，微观企业竞争淘汰的多是竞争力不强的企业，宏观经济淘汰的企业可能是竞争力很强的企业。

14.系统性金融风险理论与模型

我们认为"系统性风险"主要分为三类，分别是系统性政治风险、系统性经济风险和系统性金融风险。系统性政治风险主要是由政权交替、政治换届等引起的经济风险，系统性经济风险主要是由宏观经济周期以及逆周期的宏观调控引起的经济风险，笼统地研究系统性风险是没有意义的，只有"系统性金融风险"才是应该重点关注的，我们提出"系统性金融风险＝货币调控 × 金融产品嵌套"的理论，现代经济危机的爆发绝大多数与系统性金融风险有关，金融系统爆发风险的来源主要有两个，一个是外部的货币调控，一个是内部的金融产品嵌套，其中"货币调控"的力度越大，系统性金融风险越大，"金融产品之间嵌套的深度"越深，系统性金融风险越大，系统性金融风险理论将金融体系的内部风险与外部风险联系了起来，其中货币调控是系统性金融风险中的外部风险，金融产品嵌套是系统性金融风险中的内部风险，而且内部风险与外部风险是相互作用的。为什么现在比以前更容易爆发金融风险？因为现在是互联网时代，金融比以前更复杂了，美国经济学家明斯基也研究过金融的脆弱性，但他提出的因为银行放贷导致的风险本质还是"个体风险"的加总，而不是真正的系统性风险。

四、本书提出的微观经济学理论

1."供给难度"与"供给黏性"理论

传统新古典经济学的"均衡"是建立在供给与需求的"弹性"基础上的，笔者提出的"平衡经济学"正好相反，是建立在"供给难度"和"供给黏性"之上。平衡经济学认为任何产品都有一定的供给难度，不同产品的"供给难度"不同，"供给黏性"指的是不同"供给难度"的产品在受到价格机制的影响时并不能随时提高或降低产能的情形。一个产品的"供给黏性"与其"供给难度"成正比，一个产品的"供给难度"越小，越容易受到价格机制的影响，其供给黏性越弱，一个产品的"供给难度"越大，越不容易受到价格机制的影响，其供给黏性就越强。马歇尔提出了"弹性"

的理论，从而创造了新古典经济学，但是笔者提出"供给黏性"后，新古典经济学的很多结论就会被推翻，平衡经济学也建立起了一套与新古典经济学分庭抗礼的经济学体系。新古典经济学本质是关于需求的经济学，而平衡经济学则是关于供给的经济学。科斯将交易成本引入经济学相当于将摩擦力引入物理学，笔者将供给难度引入经济学，则相当于将重力引入了物理学。

2."供给难度"导致"价格失灵"以及"市场出清难"的理论

平衡经济学认为不同产品存在不同的供给难度，所以对价格机制的敏感程度也不同，"供给难度"比较低的产品在发生短缺时，可以在价格杠杆的作用下迅速扩大生产满足市场需求。而"高供给难度的产品"则因为对价格机制不敏感，即使价格提高，供给也不会很快提高。供给难度越大的产品，供给黏性越强，价格机制越难发挥作用。当一个产品的供给难度大到一定程度，无论价格怎么提高，供给都不会增加，这时我们称为价格失灵。相反，供给难度非常大的产品，缩减产能也是非常难的。因此经济危机爆发的时候，很多产品并不能及时地实现市场出清。"高供给难度产品"的存在是导致经济危机一般会持续比较长时间的根本原因。"供给难度"理论可以否定新古典经济学的"市场出清"理论。

石油生产和钢铁冶炼都是"供给难度"比较大的行业，即使发生经济危机，油田和钢铁的产能也很难在短时间内降下来。

3.平衡经济学："低供给难度产品"与"高供给难度产品"的平衡理论

平衡经济学将市场上的产品分为"高供给难度产品"和"低供给难度产品"两类。

平衡经济学认为市场交易就是各种供给难度不同的产品之间的交易，

平衡经济学中的"平衡"是指市场上的各种产品交易后没有剩余的状态，因此平衡经济学的平衡是指"交易的平衡"，而非新古典经济学中"价格的均衡"。由于供给难度的不同，市场上的各种产品很难实现交易平衡，最终出现过剩的肯定是"低供给难度产品"，出现供给不足的肯定是"高供给难度产品"，交易不平衡严重时就会出现经济危机。平衡经济学认为发生经济危机时只要加大"高供给难度产品"的供给，就可以治愈经济危机，让经济重新恢复交易平衡，因为"低供给难度产品"中的大部分消费也是不充分的，"高供给难度产品"可以通过交易过剩的"低供给难度产品"的实现市场出清。由于"高供给难度产品"的供给难度很高，所以一直是短缺的，平衡经济学的发展理论认为，只要人为促进"高供给难度产品"的供给，就可以促进经济发展。在平衡经济学中，提高"高供给难度产品"的供给，这不仅是经济发展的手段，也是避免经济危机的措施。

4.企业利润来源理论——产品与原材料的"供给难度差"理论

平衡经济学认为企业利润的大小取决于企业产品与原材料之间的"供给难度差"的大小，这两者之间的差额越大，企业的利润水平越高，这两者之间的差额越小，企业的利润水平越低，这是因为企业的利润直接来于其"定价能力"。定价能力越强，产品的定价就越高，利润就越丰厚。产品与原材料之间的供给难度差越大，说明产品的供给难度越大，供给难度越大的产品，面临的市场竞争就越小，产品的定价能力就越强，企业的利润就越高。相反，如果产品与原材料之间的"供给难度差"很小，说明产品生产难度不大，企业在产品上也没有多高的定价能力，企业的利润就很小。古典经济学用"节欲"论解释企业利润，认为企业利润源于企业家的省吃俭用。这一理论破产后，现代经济学一般用风险和不确定性来解释企业利润的来源，这有一定道理，但还不够。笔者将企业利润来源归结为产品与原材料之间的"供给难度差"比以上理论更科学，更贴近实际。供给难度差理论也可以兼容"风险和不确定性"理论，因为风险和不确定性也可以成为产品"供给难度"的一部分。

一些手机企业将科技含量很高的手机零部件进行简单的组装就变成自己的品牌，手机与零部件之间的供给难度差很小，所以利润很低。而一些制药企业，他们的原料非常便宜，核心就是研发，他们产品与原料之间的供给难度差很大，所以他们利润很高。

5. "销售商主权"理论

"销售商主权"也可以称为"销售者主权"或"渠道主权"，是针对现代经济学中已经有的"消费者主权"和"生产者主权"概念提出的。"销售者商主权"是指销售商在市场中占据主导地位，如果一个产品不符合销售商的利益，无论生产得多么完美，消费者有多么需要，都不会出现在市场上。比如很多廉价药品的退市、断供就是典型的销售商主权的体现，生产者主权、消费者主权和销售者主权三种市场现象在市场中共存，而且并不矛盾，他们只是分别体现在不同行业中而已。"消费者主权"主要表现在一些技术成熟、生产过剩的消费品行业中，"生产者主权"则在高科技产品、奢侈品等领域表现得比较明显，"销售者主权"在"廉价商品"、服务业和互联网销售中表现得比较明显。在互联网时代，销售商主权开始呈现出主导趋势，生产厂商开始沦为销售商的代工厂，熟悉互联网营销的企业正成为品牌商，而他们的产品则主要靠外包生产，或是自己只进行简单的组装。

网红带货行业就更是将"销售者主权"表现得淋漓尽致，人们更在意是谁在销售，而不在乎是哪个厂家生产。

6. "供需悖论"

由于销售商主权的存在，导致市场上为穷人提供服务的厂商远远小于穷人在总人口的比例，为富人服务的厂商远远大于富人在总人口中的比例，我们将之称为"供需悖论"。

7."底层市场缺失"导致的"底层贫困"理论

由于销售商主权和供需悖论的永恒存在，市场上最穷的那一批人将一直没有企业为其提供服务，底层民众只能被迫购买中产阶层的服务，所以底层民众永远摆脱不了贫穷的命运，我们称之为"底层社会贫困"理论。底层贫困主要是因为服务底层民众的市场是缺失的，因此为了缓解底层贫困，我们应该适当保留或主动建底层商品市场。

五、本书提出的生存经济学理论

1.生存经济学理论

生存经济学是从收入与生存成本的视角研究民生问题的经济学，生存经济学认为幸福不是由"收入"单方面决定的，而是由"收入"与"生存成本"两方面决定的。人类的幸福程度取决于"收入与生存成本之比"，收入越高，幸福程度越高，生存成本越高，幸福程度越低。因为"收入与生存成本之比"在经济发展中变化不大，所以人类并没有随时经济发展变得幸福感更强。"生存经济学"认为经济发展主要表现为"产品种类的增加"和"产品生产效率的提高"两个方面，其中民众的生存成本的提高是由"产品的种类的增加"导致的，而民众的收入的提高是由现有"产品生产效率的提高"决定的，而且这两者的提高并不同步。当"产品种类增加"快于现有"产品生产效率的提高"时，民众的生存成本的增加就会快于收入的增加，幸福感就会下降，当产品生产效率的提高快于产品种类的增长时，民众的收入增加会快于生存成本的增加，幸福感就会增强。

2.幸福指数与幸福剩余理论

幸福也是可以被度量的，我们将幸福的度量分为宏观度量和微观度量两部分：

宏观上我们可以用"幸福指数"衡量一个国家的幸福程度，幸福指数＝收入／生存成本，其中生产成本是一个社会化的概念。

微观上，我们可以用"幸福剩余"来衡量单个个体的幸福程度，"幸福剩余＝收入－生存成本"，对于个人来说，幸福剩余越多，幸福感越强，幸福剩余越少，幸福感越差，幸福剩余为零时，幸福感消失，幸福剩余为负时，幸福感也为负。

3."生存成本"导致工资刚性理论

"生存成本"是生存经济学的核心概念，生存经济学认为"生存成本"是导致"工资刚性"的主要原因，因为绝大多数民众每月拿到的工资都仅仅是"生存工资"，他们的收入基本上接近于他们的"生存成本"，即使爆发经济危机，工资也很难再降低。生存经济学认为，当民众工资高于生存成本时才会表现出"工资弹性"，工资高于生存成本越多，"弹性"越强，相反，工资距离"生存成本"越接近，则越表现为"工资刚性"。凯恩斯学派最早提出了"工资刚性"的问题，但他们用"隐形合同""长期合同""效率工资"等理论解释"工资刚性"问题，生存经济学提出了不同的解释思路。

4.低生存成本社会理论（世界模式3.0）

"低生存成本社会"模式是指政府通过"机制设计"和"制度设计"的方法降低民众的生存成本而形成的一种社会模式，构建"低生存成本型社会"比构建福利社会更能提高民众的幸福感，比如中国整顿教培行业，医疗集采制度，制定"房住不炒"的房地产政策、建立"社区食堂"都属于构建低生存成本社会的努力，"低生存成本型"社会是继自由主义社会、福利社会之后第三种社会发展模式。

5."底层市场缺失"导致的"底层贫困"理论

由于销售商主权和供需悖论的永恒存在，市场上最穷的那一批人将没有企业为其提供服务，超低收入人群只能被迫购买更贵的服务，我们称之为"底层社会贫困"理论。底层贫困主要是因为服务市场的缺失，因此为了缓解底层贫困，我们应该适当保留或主动构建底层商品市场。

6.考虑"生存成本"的货币贬值理论

货币贬值仅仅用通胀是无法解释的，也不符合我们的现实感觉。生存经济学认为生存成本的不断提高才是导致货币贬值的重要因素，比通货膨胀带给我们的货币贬值感更强烈，生产成本提高的速度基本上是与经济增长速度同步的，我们在此可以提出一个将"生存成本提高"考虑在内的货币贬值速度计算公式：

货币贬值的速度＝通货膨胀速度＋生存成本提高的速度＝通货膨胀速度＋经济增长的速度

而，通货膨胀速度＋经济增长速度＝名义GDP增速

所以在现实中，货币是以名义GDP增速进行贬值的，只有这样计算的货币贬值才符合真实感受，也就是说只有考虑了生存成本因素计算出的货币贬值速度才是符合现实感觉的。

六、本书提出的产业经济学理论

1."产业升级的多元化"与"产业降级的多元化"理论

平衡经济学将"企业多元化"分为"产业升级的多元化"和"产业降级的多元化","产业升级的多元化"是指一个企业从"低供给难度行业"向"高供给难度行业"转型,"产业降级的多元化"是指一个企业由"高供给难度行业"向"低供给难度行业"转型。平衡经济学认为失败的多元化大部分发生在"产业降级的多元化",因为"供给难度"越低的行业竞争越激烈、利润越低、越需要市场的灵活性,这样的行业一般适合中小企业。而多元化发展的企业一般是大企业,大企业在这方面并没有优势,因为大企业的优势是依靠资本、技术形成的市场壁垒,而劣势是缺乏竞争的灵活性,因此大企业实行"产业降级的多元化"往往会落于失败。"产业降级的多元化"体现了大企业的自负,以为自己拥有更好的技术、更多的资本就可以无所不能,但他们并没有想到"低供给难度行业"竞争的残酷性。相反,"产业升级的多元化"往往更容易成功,因为从"低供给难度行业"向"高供给难度行业"转型,竞争反而越来越小,利润也会更高。一旦突破了转型期的瓶颈,后面企业的发展前景就会比较光明,产品的"高供给难度"也可为企业建立起"护城河"。因此我们主张企业转型应该往供给难度更高、利润更高、竞争更小的行业转型,而不是相反。企业界流行的"降维打击"并不一定能成功,即使降维发展也必须与资本与技术结合,不然很难成功。

2."子虚补其母"的产业升级理论

中国的中医中有"子虚补其母"的理论,其实"产业升级"和"财税升级"也是这样的"子母"关系。一个国家的产业升级是"子",财税升级是"母"，一个国家的产业发展必须先拥有足够多的知识人群、发达的科研能力、完善的基础设施、充足的社会保障才行，这些都是产业发展的母体。只有母体足够强大，才能孕育出发达的产业，如果母体不够强大，其产业发展也必然是孱弱的。产业发展可以为社会母体发展提供充足的税收，社会母体发展又为产业发展提供了较好的基础条件，这才是良性互动，当一个国家产业发展停滞的时候，我们不仅要扶持产业，更要改善并壮大产业发展的社会母体。我们要看这个国家是否有足够多的接受过高等教育的大学生，是否拥有强大的科研能力，是否拥有完善的基础设施，民众是否有足够的社会保障，这些基础具备，产业自然就会孕育得非常好。如果这些不具备，产业发展只能受限。社会母体的强大主要靠"财税升级"。"子虚补其母"的产业升级理论将产业升级与财税升级有机联系起来，没有财税升级做协同，产业升级也不可能单独完成。"子虚补其母"的产业升级理论是新财税主义宏观经济学的核心理论。

3.产业压制理论

"产业压制"理论认为，不同产业之间是存在相互压制关系的，其中上游产业会对下游产品产生"供给压制"，下游产品会对上游产业产生"需求压制"，公共产品会对私人产品产生压制，金融产业会对实体经济产生压制，"产业压制"理论就是研究不同产业之间的上下游关系的理论。

4.产业发展次序理论

不同产业之间会存在"相互压制"关系，所以经济发展应该是上游产业先发展，下游产业才可以发展。在一个国家发展过程中，农业发展的上游产业是重化工业，下游是纺织工业，因此正常的经济发展应该是先发展重化工业，农业才可以得到发展，最后轻工业才得到发展，我们绝对不能因为轻工业投入小就先发展，如果没有农业和重工业提供的原材料，轻工业根本就发展不起来，而如果没有重化工业为农业提供机械和化肥，农业也发展不起来。如果农业也发展不起来，发展轻工业就会缺乏原料，也会缺乏必需的劳动人口。劳动人口并非可以源源不断供给的，而是重工业的发展、农业机械的使用后才可以将劳动力从农业中解放出来。刘易斯的劳动力"无限供给"理论是错误的，如果没有农业劳动生产率的提高，劳动力也无法实现"无限供给"。

"产业发展次序"理论研究表明发展中国家一定要集中精力发展重化工业，再重点发展农业，最后重点发展轻工业，这才是最好的产业次序。包括非洲在内很多发展中国家，看似拥有很好的发展轻工业的条件，但是他们的轻工业发展的并不好，关键是没有优先发展重工业和农业，因此他们既没有机械，也没有原材料，也没有所谓"无限供给"的劳动力。

5. "核心产业迁移"理论

"核心产业迁移"理论认为一个国家在经济发展过程中，每个阶段的"核心产业"都不同。"核心产业"会随着国家的发展阶段的不同而发生迁移，一个国家在某一个阶段就应该集中精力重点发展一两个属于这个阶段的"核心产业"，而不是平均用力。核心产业迁移理论主张国家应该将发展精力集中到国家所处阶段的核心产业上，发展阶段不同，核心产业也不同。发展中国家要及时甄别出所需要发展的核心产业，发达国家选择核心产业比较简单，一般选择当时科技革命的前沿产业就行，比如当前信息革命进入了5G时代，所以国家应该将5G作为核心产业进行集中用力。

6. 政府投资对经济增长作用的"不可逆性"研究

政府投资对经济增长的作用不是"一次性"的，而是持续性发挥作用的，其促进作用是不可逆的。这是因为：第一，政府对基础设施的投资对改善经济效率的作用是不可逆的，经济效率一旦提高，就不可能再降低；

第二，政府在产业方面的投资所带来的产出也是不可逆的，如政府修建的核电、大型水电、南水北调、高铁、特高压输电等项目一旦投产就会常年发挥作用，投产后一旦有了产出，就会构成经济的一部分，不会再消失；第三，政府投资还存在"投资带动乘数"效应，政府投资会带动民间投资，这种带动效应会在政府投资完成之后发挥作用，而且持续很久，且不会消失。因此政府大部分投资对经济增长都具有"不可逆性"，不仅不可逆，而且政府投资的是带动效应非常强的行业，政府投资还容易导致经济过热，因此认为政府投资不可持续的观点是不靠谱的。

七、本书提出的政府与市场经济学理论

1.基于"供给难度"的政府与市场"分工"理论

"平衡经济学"认为不同的产品"供给难度"不同，不同"供给难度"的产品需要不同供给能力的市场主体进行供给。根据"供给能力"的不同，可以将市场主体分为三种，分为是个人、企业和政府，这三种市场主体分别负责不同"供给难度"的产品的市场供给。其中个人供给能力最低，负责供给难度最低的产品的供给，企业供给能力居中，负责的是供给难度居中的产品的供给，政府供给能力最强，负责的是供给难度最高的产品的供给。在供给经济学中，个人、企业、政府都是平等的负责市场供给的市场主体，只是分工不同而已。

2."政府经济政策偏好"理论

"政府经济政策偏好"理论是研究政府的"经济政策偏好"如何影响政府经济政策制定的理论。不同国家的政府因为实行不同的政治制度而出现了不同的"经济政策偏好"，这种"经济政策偏好"的差异又决定了不同

国家的政府会实行不同的宏观经济政策，从而导致了不同的经济发展结果。"政府经济政策偏好"理论认为不同政府的"经济政策偏好差异"是由其政治制度本身决定的，中国与西方国家的政府实行不同的制度，具有完全不同的"政府经济政策偏好"，因此中国政府与美国政府在发展经济和治理经济危机方面采用了不同的经济政策，也产生了不同的经济结果。经过比较，中国政府的"经济政策偏好"更有利于经济的长期可持续发展。中国政府偏好的经济政策决定了中国不容易出现经济周期性危机，也不容易过度负债，中国创新可以得到更多的资本支持，不会出现严重的资本市场泡沫，所以中国能拥有长期的比较好的经济发展表现。而西方政府所偏好的经济政策正好相反，他们放任经济虚假繁荣，对资本市场的泡沫置之不理，随意减税造成政府债台高筑，过度依赖货币放水导致金融体系和国家创新体系被摧毁。所以他们的经济频繁发生危机，经济积累性差，成长性差。"政府经济政策偏好"理论可以从长期角度解释中国经济为何能够不受经济周期影响，并且可以长期保持经济高速发展的原因。